U0540269

创智课堂项目组 主编

跨学科
主题学习教学
实施指南

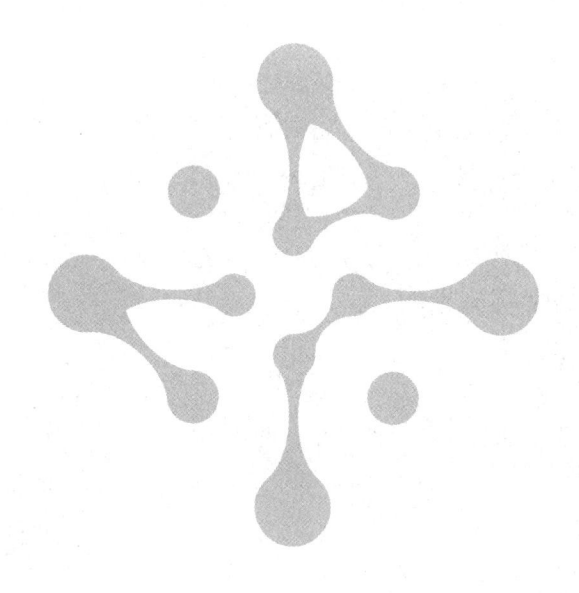

华东师范大学出版社
·上海·

图书在版编目(CIP)数据

跨学科主题学习教学实施指南/创智课堂项目组主编.—上海:华东师范大学出版社,2025.—ISBN 978-7-5760-6267-0

Ⅰ.G632.0-62

中国国家版本馆CIP数据核字第202525XG03号

跨学科主题学习教学实施指南

主　　编	创智课堂项目组
策划编辑	彭呈军
责任编辑	朱小钗
特约审读	李　瑞
责任校对	樊　慧　时东明
装帧设计	卢晓红
出版发行	华东师范大学出版社
社　　址	上海市中山北路3663号　邮编 200062
网　　址	www.ecnupress.com.cn
电　　话	021-60821666　行政传真 021-62572105
客服电话	021-62865537　门市(邮购)电话 021-62869887
地　　址	上海市中山北路3663号华东师范大学校内先锋路口
网　　店	http://hdsdcbs.tmall.com
印　刷　者	上海商务联西印刷有限公司
开　　本	787毫米×1092毫米　1/16
印　　张	9.25
字　　数	196千字
版　　次	2025年7月第1版
印　　次	2025年7月第1次
书　　号	ISBN 978-7-5760-6267-0
定　　价	42.00元

出版人　王　焰

(如发现本版图书有印订质量问题,请寄回本社客服中心调换或电话021-62865537联系)

主　编：张雅倩　李　荔　安桂清
副主编：糜玮珺　蔡晶君　徐瑾劼
编　委：（按姓氏笔画排序）
　　　　王独伊　仇珍玲　朱　雁　苏　魏　余超琦
　　　　陆龚超　庞美琪　姜俊杰　顾凌燕　曹　玲
　　　　龚丽云　崔　峃　蒋友涵　谭　天

前言

在知识迭代加速、学科边界日趋模糊的 21 世纪，教育正面临着前所未有的挑战与机遇。人工智能的蓬勃发展及社会对复合型人才的迫切需求，都在呼唤教育模式的深刻变革。《义务教育课程方案（2022 年版）》以刚性要求明确"各门课程用不少于 10% 的课时设计跨学科主题学习"，标志着我国基础教育从分科主导迈向综合育人的范式转型。这一变化不仅反映了教育部门对培养学生综合素养和实践能力的重视，也体现了对传统学科划分和教学方法的挑战与革新。跨学科主题学习设计与实施也因此成为每一位中小学教师必须直面的挑战和课改浪潮中必须攻克的堡垒。

在这场变革浪潮中，教师作为教育生态系统的核心能动者，其跨学科素养的培育不仅关乎课堂教学质量的提升，更决定着未来人才的核心竞争力。跨学科主题学习的提出，要求每一位学科教师都能站在整体育人的角度思考本学科的育人价值和教学方式。它强调学生在跨学科主题学习过程中的知识整合、问题解决和价值关切，致力于加强学科间的关联，并最终指向课程的综合化实施。

为了帮助杨浦区中小学教师更好地应对挑战，区"创智课堂"项目组编写了《跨学科主题学习教学实施指南》一书，通过理论与实践的双向匡正，厘清跨学科主题学习的内涵与定位，探寻跨学科主题学习的实施路径与策略方法，相关成果分别呈现在本书第一章和第三章。围绕教师跨学科知识、跨学科行为和跨学科情感三个维度建构分析框架，开发调研工具，通过问卷调研的方式全面了解区域教师跨学科素养水平，相关调研结果和分析讨论呈现在本书第二章。面向全区中小学教师开展跨学科主题学习设计与实施案例征集评选活动，通过评审遴选→专家指导→修改后再评审的过程，将征文活动转化成为引导教师回溯真实历程、反思教育实践、提炼变革经验,以及提升教师跨学科教学与研究能力的有力抓手。其中,对征集的 69 篇案例从种类、深度、广度以及平衡性四个维度进行一致性分析,提出优化的路径策略,相关内容呈现在本书第四章。同时,精选区域 8 篇典型案例收录在本书第五章,这些典型案例具有创新性和示范性,能够为广大教师提供有益的借鉴和启示。

杨浦区"创智课堂"项目组李荔、张雅倩、蔡晶君、糜玮珺全程参与书稿编写与组稿工作,其中,第一章、第三章由安桂清教授、张雅倩、蔡晶君、糜玮珺负责编写;第二章由项目组通过区域调研,收集数据,形成调研报告,由徐瑾劼教授、朱雁副教授、蒋友涵组织编写;第四章由庞美琪负责编写;第五章由李荔、张雅倩、蔡晶君、糜玮珺组织区域教师组稿编写。在成书过程中,华东师范大学出版社编辑给予编写组的专业建议,使得本书有了更好的呈现。在此,一并向关心、支持和指导研究的领导、同事、老师们致以诚挚的感谢!

在编写本书的过程中,杨浦区"创智课堂"项目组在高校专家指导下,参考了国内外相关的教育理论研究成果,深入调研了一线教师的跨学科教学实践现状,并结合项目核心团队的教研、科研经验和专业知识,力求使本书兼具理论深度与实践指导性。期待当您翻开这些篇章时,不仅能获得方法论层面的启发,更能感受到教育创新的澎湃力量——因为真正的跨学科教育,从来不是简单的知识叠加,而是师生共同打开认知边界,以思维重构的方式对话世界的过程。囿于项目组的研究水平所限,稚拙、谬误在所难免,恳请读者不吝指正。如蒙指教,不胜感激。

本书编写组

2025 年 5 月

目 录

第一章　新时代背景下教师跨学科主题学习的内涵阐释　　1
　　第一节　跨学科主题学习的内涵　　1
　　第二节　跨学科主题学习的定位　　4
　　第三节　跨学科主题学习的类型　　6

第二章　教师跨学科素养的发展现状及启示　　8
　　第一节　教师跨学科主题学习的相关研究　　8
　　第二节　教师跨学科素养现状分析　　13

第三章　跨学科主题学习的实施路径与策略　　38
　　第一节　跨学科主题学习的实施路径　　38
　　第二节　跨学科主题学习的实施策略　　44

第四章　跨学科主题学习设计的"教—学—评"一致性　　49
　　第一节　一致性的分析框架　　50
　　第二节　一致性的分析结论　　57
　　第三节　一致性的影响因素　　60
　　第四节　一致性的提升策略　　66

第五章　跨学科主题学习典型案例　　73
　　第一节　STEM跨学科教学　　73
　　　　案例一：上海城市桥梁探秘　　73
　　第二节　文化传承和创新　　80

　　　　案例二：社区再造师　老楼新厅　　　　　　　　　　　　　80
　　　　案例三：体验竹编之趣　　　　　　　　　　　　　　　　89
　　　　案例四：古诗中的四季　　　　　　　　　　　　　　　　100
　第三节　体育与健康　　　　　　　　　　　　　　　　　　　　109
　　　　案例五：追求深度的跨学科主题学习　　　　　　　　　　109
　　　　　　——以足球"射门"单元学习为例
　第四节　气候变化与全球环境　　　　　　　　　　　　　　　　116
　　　　案例六：创建水生环境二氧化碳供给系统　　　　　　　　116
　　　　案例七：巴西龟，是"友"亦是"敌"？　　　　　　　　　123
　　　　案例八：土豆的"跨界"　　　　　　　　　　　　　　　　130

第一章 新时代背景下教师跨学科主题学习的内涵阐释

第一节 跨学科主题学习的内涵

"跨学科"(interdisciplinarity)作为一种思想或理念由来已久,但"跨学科学习"(interdisciplinary learning)在教育领域尚未形成气候。它与"课程整合""跨学科课程""综合学习"等概念相伴而生。素养时代的跨学科学习不只是期望改变碎片化、割裂式的传统学科知识教学,更旨在培养学生在真实情境中的知识整合、问题解决和创新能力,对跨学科学习内涵的探索要充分考虑课程改革这一时代特征。

跨学科学习通常被认为是一种与单科独进相对应的学习方式。在超越单一学科的视角审视一个重要主题、问题或议题这一点上,跨学科主题学习的概念具有一定的共识性。《牛津跨学科手册》将跨学科学习界定为:学习者以单一学科手段不可能做到的方式,将源自两个或两个以上学科的信息、资料、技术、工具、观点、概念和/或理论加以整合,以创造产品、解释现象或解决问题的过程。[1] 在课程领域,许多学者是在多学科整合、跨学科整合与超学科整合的序列中谈论跨学科主题教学或学习的应用的。多学科整合的特征是保持各学科独立地位,将课程内容分属不同科目;跨学科整合为更全面地理解知识和解决问题,将课程内容与组织中心相互关联,但所属学科仍然可以辨认;超学科整合辨认不出学科界限,学生作为研究者参与真实情景和世界

---

[1] Boix-Mansilla, V. *Learning to synthesize: The development of interdisciplinary understanding* [M]//In Frodeman, R., Klein, J. T & Mitcham, C. (Eds.), The Oxford Handbook of Interdisciplinarity. Oxford: Oxford University Press, 2010:288-306.

中的学习活动。① 显然，无论是从宽泛意义上讲，还是在专门的课程研究领域，跨学科学习都会涉及两门或两门以上学科的交汇。从具体的设计思路来看，大致分为两种情况：一种强调以某一门学科为中心或主干，围绕某个中心主题，引入关联学科的知识与方法，开展围绕主题的问题解决活动；另一种则表现为涉及的各学科之间，经由共同的主题勾连在一起，不存在绝对的主次之分。义务教育各学科所确立的10%课时的跨学科主题学习更趋于前者，而且相对于学术学科（academic disciplinary）而言，崔允漷教授等人明确提出义务教育新课程语境下的"跨学科"实质是"跨科目"，也就是新课程方案所设置的学校科目。② 显然，这进一步明确了跨学科主题学习所跨学科的范围。从上述理解出发，结合各学科课程标准的规定，可以将跨学科主题学习界定为基于学生的素养发展需求，围绕某一研究主题，以本学科课程内容为主干，运用并整合其他学科的知识与方法，开展综合学习的一种方式。深入认识跨学科主题学习的这一内涵，需要关注以下要点。

一、跨学科主题学习以学生素养发展为指向，体现知识整合、问题解决和价值关切的三位一体

跨学科学习作为课程整合的重要形态之一，其所代表的整合实践是在超越课程整合传统认识的基础上诞生的。传统上，课程整合往往被视为学科知识的黏合剂，"课程统整是使割裂的学科内容更具关联性的设计"③的观点即反映了这种认识。跨学科学习以基于问题和主题的组织中心展开，课程整合研究的集大成者比恩（Beane, J.）曾对此大加赞赏，认为相对于多学科的方法仍然以学科的内容为中心，基于问题和主题的组织中心将知识置于语境中并赋予其重要意义，知识不是以预定的顺序固定展开的，而是由当前问题的相关性决定的。④ 跨学科学习因而实现了课程整合组织形态的变化——从传统的知识整合到基于问题解决的知识整合的更迭。然而，由于素养并不局限于认知能力要素，还包括人际属性和道德价值观⑤，因而以学生素养发展为指向的跨学科学习要超越知识整合和问题解决的核心要义，强化学习的价值关切，通过学习实现人的道德性、价值观和意义感等人格属性的发展。人格统整是一种美德，跨学科学习作为一种指向人格统整的学习方式，在素养时代要秉承更

---

① Drake, S. M. *Creating integrated curriculum: Proven ways to increase student learning* [M]. Thousand oaks: Corwin Press, 1998.
② 崔允漷,郭洪瑞.跨学科主题学习:课程话语自主建构的一种尝试[J].教育研究,2023(10):44-53.
③ Glatthorn A A, & Foshay A W. *Integrated curriculum* [M]//Lewy A. The International Encyclopedia of Curriculum. Oxford: Pergamon Press. 1991:160-162.
④ Beane, J. On the Shoulders of Giants! The Case for Curriculum Integration [J]. *Middle School Journal*, 1996,28(1): 6-11.
⑤ Halász G, Michel A. Key Competences in Europe: interpretation, policy formulation and implementation [J]. *European Journal of Education*, 2011,46(3):289-306.

高的立意，从知识整合、问题解决和价值关切三位一体的角度界定其要义。[①] 信息时代不仅为社会的民主与公平，而且为个体的自我实现提供了前所未有的机遇和挑战，培养具有良好个性和对周围世界与群体生活负有责任感的个体成为新时期基础教育的重要使命。跨学科学习的开展使青少年在其所提供的多元视角和冲突视野中有机会处理价值问题，并且是以一种没有掺杂后来为适应成人世界标准而产生的那些微妙的隐藏和虚假的方式直面这些价值问题。这为他们正确处理与自然、社会和自我的关系，实现人的自然性、社会性和自主性的整体发展提供了契机。

二、跨学科主题学习以学科为立足点，关注学科实践与跨学科实践的交融互渗

跨学科观念是在承认学科边界的基础上生成的，跨学科不能脱离学科而单独存在。在跨学科主题学习中，学科内容作为强有力的工具，通过基本规则来探究跨学科主题。[②] 所以跨学科主题学习不是在孤立的调查或问题解决情境中学习，而是以学科实践为基础和前提展开的。倘若没有学科核心概念与方法的应用作为基础，跨学科主题学习活动很容易流于肤浅，导致学生高阶思维缺乏养成的契机。与此同时，跨学科实践围绕真实问题或现实任务，运用不同的学习方法和路径，推进不同学科知识和方法的碰撞、交流与转换。它超越了学科实践所表征的用学科的方式做学科的事，展现出更加多样和普适的学习形态。基于项目的学习、基于问题的学习、基于探究的学习等学习方式都可视为跨学科主题学习的具体方式，同时多种类型的学习活动，比如调查研究型、综合表达型、社会参与型、策划实践型和共同交流型等活动类型，[③]根据跨学科实践的需求会产生多种活动组合方式。跨学科实践既包含多样化的学科实践活动，又涵盖更上位的跨学科概念以及小组协同、人际沟通、问题解决等更具复合型的跨学科技能。因而，在跨学科主题学习中，学科实践与跨学科实践二者交融互渗，相辅相成。

三、跨学科主题学习以综合学习为特征，彰显学习的整体性、联结性和具身性

跨学科主题学习是对建立在各学术领域基础上的要素分割式的学科学习所进行的反省，体现了一种尊重儿童的兴趣、需求，跨学科地开展综合学习的实践过程。以往许多国家和地区对综合学习采取独立设置模式，这种模式容易导致学科学习与综合学习"两张皮"现

---

① 安桂清.论义务教育课程的综合性与实践性[J].全球教育展望，2022,51(5):14—26.
② Applebee A N, Adler M., Flihan S. Interdisciplinary Curricula in Middle and High School Classrooms: Case Studies of Approaches to Curriculum and Instruction [J]. *American Educational Research Journal*, 2007,44(4):1002-1039.
③ 钟启泉，安桂清.研究性学习理论基础[M].上海：上海教育出版社，2003:142.

象的发生,将综合学习定位于现实的问题解决,而把学科学习视为基础性的知识训练,反映的即是这种二元论的实践误区。本轮课程方案的修订意识到综合学习不能被置于现有学科范围之外加以考虑,必须纳入学科结构中来,因而各学科设置了不少于10%课时的跨学科主题学习。作为综合学习的一种方式,跨学科主题学习首先在学习目标上追求育人价值的整体性。超越以知识点为中心的学科学习,注重挖掘每一个学习活动的多元育人价值,促进学科素养与跨学科素养的有机融合。其次,在学习内容上强化学生学习与真实世界的联结。促进学生直面学科知识、大千世界和自我生活的课题,以彰显学习的知识立场、社会价值和主体意义。再次,在学习历程上力求发展学生的具身行动。鼓励学习者通过具身性的社会参与获得有关自我和社会共同体的经验,并在解决现实问题的实践中超越"坐而论道"的学习方式,通过行动改善自己的日常生活、服务社区人群和关注国家命运,体现应有的个体责任和社会担当。

第二节 跨学科主题学习的定位

跨学科主题学习是本轮义务教育课程方案的亮点,虽然各科课程标准对其表述方式不尽相同,有的用"跨学科主题学习",有的用"跨学科实践",还有的用"综合与实践"加以表述,但总体上,其设置期望实现如下功能定位,从而对课程改革的推进产生多方面的影响。

一、为改变被动接受的学习方式这一顽疾所进行的破冰行动

过去20年,基础教育课程改革对学生自主、合作与探究学习方式的倡导虽然推动了课堂教学的转型,但被动听讲、题海战术、机械重复训练等教学顽疾至今犹在。跨学科主题学习鼓励学校在可能的范围内采用项目学习、任务学习和问题学习等让学生自主学习的方式展开跨学科探究,以期带动学生学习方式的普遍变革。在跨学科学习中,通过发现问题,并整合所有习得的知识与能力来解决问题有助于养成学生的自主学习能力。自主学习能力是一种具有综合性质的能力,它涉及对事物的关心与问题意识、有逻辑的思考力、多角度的探究和反省能力等多方面。要实现以学生自主学习为基础的跨学科主题学习,不仅需要教师树立以学习为中心和为学而教的理念,而且要从"学"的视角重构自身的专业知识,实现从课目教学知识(Pedagogical content knowledge)向课目学习知识(Learnable content knowledge)的转向,[①]不断积累学生理解、学材开发以及学习方式导引等方面的知识。随着跨学科主题学习实施中教师课目学习知识的持续增长以及在学科学习中的广泛迁移,学科教学有望打

[①] 曾文婕.从课目教学知识到课目学习知识——教师专业知识发展的新方向[J].教育研究,2020(8):143—149.

破学生被动接受的学习局面,消灭学习方式中存在的痼疾。

二、为教材内容组织形态和呈现方式的变革起到示范作用

跨学科主题学习以学习逻辑而非单一的内容逻辑组织课程内容,有望展现教科书编写的创新形态。从学科知识本位和分科知识体系的教材内容组织方式,转向核心素养本位与大观念、综合主题和探究任务引导的主题学习活动,实现教材内容综合化的重构,这一尝试将为教科书其他内容的编写起到"示范作用"。通过设置相关主题、议题和任务,强调大观念统摄下学科知识和技能的结构化,同时将多门学科的知识与观念以恰当的方式嵌套于学习任务中,有助于优化教材内容结构,发挥纲举目张的作用。在具体的呈现方式上,跨学科主题学习从内容与结果的呈现转向学习历程的设计。突破知识内容主导下教师讲授的教学形态,转向引导学生在完成任务过程中以运用知识解决问题为主线的核心素养教学形态,实现主动学习。通过设计教材中多样化的学习活动,赋予学生理解知识、掌握技能、体验探究、反思交流的学习机会,有助于实现由"教材"向"学材"的建构,促进课堂中教与学关系的重构,发挥教材引导学习方式变革的功能。

三、为实现义务教育减负增效改革目标所采取的调节措施

为落实有效减轻义务教育阶段学生过重作业负担的改革目标,课程改革需要合理确定课程容量,促进课程体系"瘦身减重",避免课程超载(curriculum overload)现象。经合组织在2020年发布的报告《课程超载——前进的方向》中指出,将社会发展的新需求转化为跨课程的主题或能力纳入已有学科是应对课程超载现象的有效策略之一。[①] 义务教育新课程方案对跨学科主题学习的推崇也旨在通过节点性、中枢性的学习任务、大观念或核心问题等整合课程内容,优化课程结构,推进实施方式改革,为减轻义务教育阶段学生的学业负担腾挪空间。与此同时,对跨学科主题学习"不少于10%课时"的规定,是旨在适应我国义务教育阶段学校在教学水平上的差异而采取的积极稳妥的变革措施。就改革目标而言,10%课时的跨学科主题学习与90%课时的课程内容设计完全一致,前者是为义务教育提质增效所推出的课程示范性板块,在师资力量和条件允许的范围内,学校应当考虑在其他课程内容的实施中尽可能实践跨学科主题学习,以实现减负增效的改革目标。

---

① OECD. Curriculum Overload: A Way Forward [EB/OL].(2020-11-25)[2022-04-26]. https://www.Keepeek.com//Digital-AssetManagement/oecd/education/curriculum-overload_3081ceca-en#page1.

第三节 跨学科主题学习的类型

分析各学科课程标准中有关跨学科主题学习的设置内容,可以发现除科学、道德与法治和劳动等科目没有设置专门的跨学科主题学习外,其他科目的课程标准(虽然所用名称稍有差别)对跨学科主题学习皆有所规定。依据不同的分类标准,跨学科主题学习会有不同的分类维度,从而呈现出不同的类型划分。

表1-1 跨学科主题学习的基本类型

分类标准	分类维度
按功能划分	用于知识理解/用于问题解决
按主导学科数量划分	单学科主导/多学科融合主导
按关联学科数量划分	主学科＋一门关联学科/主学科＋一门以上关联学科
按主题性质划分	阐释现象/执行任务/解决问题
按组织中心划分	大任务/大概念/大问题
按学习方式划分	项目化学习/任务型学习/问题本位学习
……	……

比如按照功能划分,虽然大多数的跨学科主题学习是用于问题解决的,但也的确存在一些跨学科主题只是用于学科或跨学科的知识理解,比如历史学科中的跨学科主题学习"探寻红色文化的历史基因",就要求学生综合运用历史、道德与法治、语文和地理等知识,特别是利用本地的红色文化资源,了解红色文化中的"人、物、事、魂"。[①] 不过不同于零散的知识点的积累,跨学科主题学习不仅有助于学生了解多种观点和评估相互矛盾的观点,更重要的是能够构建"结构性知识"。结构性知识是学生对给定问题形成自己的想法和解决方案所需的知识水平,其在跨学科主题学习中的生成是借助陈述性知识和程序性知识的结合以解决复杂问题得以实现的。按主导学科的数量划分,课程标准中规定的跨学科主题学习基本上都是单学科主导的,多学科融合主导的跨学科主题学习会在综合实践活动的"跨学科研究性学习"中有所体现。如果按照关联学科的数量划分,就会有关联一门学科和关联一门以上学科的区别,但究竟要关联几门学科,需要从完成主题任务的需求出发加以判断,也就是究竟哪些其他学科的核心概念和技能要纳入学习过程才能完成主题任务,而不是越多越好。已有

---

① 中华人民共和国教育部. 义务教育历史课程标准(2022年版)[S]. 北京:北京师范大学出版社,2022:43.

研究通过对各学科课程标准中跨学科主题学习的关键词共词分析,发现在自然科学领域具有学科特性的关键词包括生物系统(生物)、人工智能(信息科技)、物质的多样性(化学)等,而在人文社科领域,具有学科特性的关键词包括水陆交通(历史)、成语典故(语文)、数字媒体(艺术)等,[①]这些高频词汇所对应的学科显然是跨学科主题学习中更多和更容易被关联的学科。按照主题的性质划分,跨学科主题学习的指向是不同的,有的需要运用跨学科的知识或方法解释一个现象,有的是为完成作品之类的任务,还有的是用于解决一个问题。组织中心是把跨学科主题学习所涉及的不同学科凝聚起来的线索,按照组织中心进行划分,会存在大任务、大概念或者大问题的区别。跨学科主题学习作为一种学习类型,根据其过程中体现的学习方式来划分,课标中会有跨学科的项目化学习、跨学科的问题本位学习以及跨学科的任务型学习等的区别,比如数学第四学段(7—9年级)倡导采用项目式学习完成"综合与实践"板块的学习;[②]地理的跨学科主题学习强调其学习形式要根据学习内容适当选择项目化学习等学习方式;[③]物理学科期望学生在跨学科实践中能运用简单模型解决问题,能利用归纳或演绎的方法对跨学科问题进行推理,从而获得结论,因而问题本位学习成为其跨学科实践主导的学习方式;体育学科中"自己的事情自己做"等跨学科主题学习则是让学生完成一个力所能及的任务。当然,按照其他的分类标准,跨学科主题学习的类型还会有相应的划分方式。

---

① 詹泽慧,季瑜,赖雨彤.新课标导向下跨学科主题学习如何开展:基本思路与操作模型[J].现代远程教育研究,2023,35(1):49—58.
② 中华人民共和国教育部.义务教育数学课程标准(2022年版)[S].北京:北京师范大学出版社,2022:77.
③ 同上,第22页。

第二章 教师跨学科素养的发展现状及启示

第一节 教师跨学科主题学习的相关研究

新版课程方案规定"各门课程用不少于10%的课时设计跨学科主题学习活动",这代表跨学科主题学习在培育学生核心素养、强化课程协同育人以及形成知识深层理解方面的价值得到认可。虽然国家层面确定了跨学科主题学习的必要性,但是对于一线教师而言,由于缺乏跨学科主题学习设计路径、原则与方法等相关理论的支撑,教学设计与跨学科主题教学实践总体上比较零散、盲目和随意,不能很好地回应学生核心素养发展要求。根据已有研究结果,现将跨学科主题学习设计的困境总结为以下六点。

一、学习目标游离于课程标准,教"教材"抑或按"经验"教

目前每门学科都有其对应的课程标准,单一学科的教学设计均具备科学的外部参照,但是对于跨学科主题学习设计来说,并没有专门的标准供其参考,所以学校和教师在宏观的课程统整规划和具体的跨学科主题学习设计中更多依靠的是原有的知识和教学经验,而不是国家的课程标准,只是简单将几门学科拼凑在一起并美其名曰"跨学科课程",课堂看似热闹,形式或许新颖,但并不持久,也很难达到真正的育人目标和价值。温伯格(Weinberg, A. E.)等研究了高中教师对数学和科学整合的看法,并探讨了影响他们整合数学和科学内容的一些因素,研究发现,教师在整合数学和科学时面临着一系列的权衡和挑战,教师表示权衡与现有材料的合适程度有关,当教材与现有的标准和课程保持一致时,就更容易将它们插入课堂,具有明确学习目标并与内容标准相一致的简短课程设计更便于教师有意义

地使用。① 如何在掌握和理解各学科的课程标准的基础上,基于各学科课标进行跨学科主题学习设计是一个亟待解决的问题。

二、育人程度有限,内容囿于"知识学习"

一方面是教师依然习惯于在自己的课程领域内辛勤耕耘,认为教材内容的机械组合是完成跨学科主题学习设计最容易的方式,为了迎合学生的表面兴趣,牺牲学科逻辑的力量,把几门学科的零散事实杂凑起来组成跨学科的学习内容。这样的主题式设计整体十分粗浅,与跨学科主题学习应当承担的育人目标相悖。② 另一方面教师将跨学科的观念窄化,认为跨只是知识层面的跨,忽略了教学方法与学习方式的变革,所以在进行学习设计时仅仅将不同学科拼凑在一起进行知识讲解与学习,忽略了学科与学科、学科与生活的内在联系,没有从主题出发设计递进的问题链从而真正培养学生综合运用知识解决问题的能力,学生也缺乏支架式的学习支持设计,自主探究的意识和能力无法得到有效提升。例如江凯平等通过对人教版初中数学教材跨学科内容进行统计后分析发现,人教版教科书中涉及的跨学科知识点大多以背景的形式呈现,学科交融还停留在较浅的层次。③ 罗秋宇采用问卷调查的方式从教师和学生两个角度了解当前初中历史跨学科主题学习活动的现状,通过对问卷进行分析,发现一线教师对跨学科主题学习的理解存在误差,认为跨学科主题学习就是几个学科知识的简单相加,比如在分析历史问题时用上地理或是语文知识就算是跨学科了,实际上这正是教师窄化跨学科观念的表现。④ 邓海云通过对教师的访谈发现,教师在进行跨学科设计时主要着眼于学科间知识内容的相互关系,较少地考虑学生在其中的认知发展水平和思维发展方式与学科内容组织间的逻辑关系。⑤

分科课程及其表征的学科知识往往是客观化的、去情境的,是学术人员因其自身旨趣和目的所切割的领域,忽略了学生的真实生活需求。分科课程过分强调分化,成为知识选择性的代表,将学习知识作为教育的目的,不符合知识应作为工具应用于真实生活的理念。当代课程发展的逻辑起点已从学科内容的组织走向学生核心素养的培育,发展学生核心素养是落实立德树人根本任务,是彰显教育育人价值的集中体现。跨学科主题学习作为一种理解性学习与现实生活中的问题解决活动,其教学设计的着眼点不是某几个学科知识的内容和结构的综合,其强调的应是以问题为中心的各学科功能的整合,其目的是提供多学科视角和

---

① Weinberg A E, Sample Mcmeeking L B. Toward Meaningful Interdisciplinary Education: High School Teachers' Views of Mathematics and Science Integration [J]. School Science and Mathematics, 2017:204-213.
② 高嵩,刘明. 主题式课程整合的价值、困境与改进[J]. 教学与管理,2016(34):1—4.
③ 江凯平,高茹涵,何春玲. 中日初中数学教材跨学科内容比较分析——以函数部分为例[J]. Advances in Education, 2023(13):8996-9002.
④ 罗秋宇. 初中历史跨学科主题学习活动的设计研究[D]. 桂林:广西师范大学,2023.
⑤ 邓海云. 跨学科教学的案例研究[D]. 上海:华东师范大学,2023.

思维下解决问题的方式,①其目标的根本指向是素养的培育。然而目前大多数的跨学科主题学习设计只是在形式上关联多学科,实质还是关注知识传授与习得的"知识本位",并没有完成"素养本位"的转向,无法培养未来社会需要的人才应该具有的批判性思维、开阔视野、对各类知识的系统掌握和互联互通能力。

三、去学科化,陷入"反智主义"

任学宝等强调一线教师在开展跨学科主题学习活动设计时必须基于学科课程标准,坚持学科立场,突显学科特质。② 郭华在回答如何做好跨学科主题学习这一问题时,明确指出跨学科主题学习的一个朴素原则是:一定不能"为跨而跨",跨学科的实现,必须立足学科本体,依托各自学科的坚实基础。③ "跨学科学习"并不反对各类学科课程,恰恰相反,唯有当学生充分理解了学科逻辑、发展了学科思维时,才能在不同学科之间建立联系,以创造性解决问题,发展跨学科意识和创新能力。④ 在跨学科主题学习的设计与开展中教师难免会产生将跨学科教学与学科教学相对立的错误观念,认为实施跨学科主题学习就是否定传统的学科教学。⑤ 也有教师认为国家课程相对简单和保守,从而开发各式各样的跨学科主题课程,"花式"实施国家课程,甚至盲目鼓吹和引进"IB"课程(国际预科证书课程,International Baccalaureate Diploma Program),不惜耗费大量人力、物力开发跨学科课程,出现了"去学科化"等偏离国家课程方案的倾向,导致学校课程名目繁多、叠床架屋。⑥ 持这一倾向的人往往将跨学科主题课程教学与分科课程教学相对立,这种观念下的跨学科主题学习设计的重点关注打破学科边界与探究生活问题,会产生轻视学科、去学科化的倾向,忽视基本知识与基础技能的习得,从而导致学生的知识基础不牢,走向"活动化""实践化"的错误面。

四、缺乏真实性的任务情境,"形式主义"走马观花

在传统学科课程中,教师所传递的知识都是经过认真打磨和精心设计的,这类知识人工痕迹过重,脱离了生活情境,是分离的、孤立的、不可迁移的。课程整合旨在促进学生真正了解自己及世界,善用知识解决问题,活用知识化为社会行动,以便培养学生整合知识、批判思

---

① 杜惠洁,舒尔茨.德国跨学科教学理念与教学设计分析[J].全球教育展望,2005,34(08):28—32.
② 任学宝,王小平.背景·意义·策略:把握跨学科主题学习活动的重要维度——关于义务教育课程标准(2022年版)中跨学科主题学习活动的解读[J].福建教育,2022(27):29—32.
③ 郭华.跨学科主题学习及其意义[J].文教资料,2022(16):22—26.
④ 张华.跨学科学习:真义辨析与实践路径[J].中小学管理,2017,324(11):21—24.
⑤ 江峰.跨学科主题教学的困境与挑战[J].中国德育,2015(02):26—29.
⑥ 任学宝.跨学科主题教学的内涵、困境与突破[J].课程·教材·教法,2022,42(04):59—64+72.

考、社会行动的能力和素养。① 当下教师普遍对跨学科主题学习缺乏清晰的认识,所以在进行跨学科主题学习设计时不清楚其开展过程和应采取的教学方式,常常是将一些零散呆板甚至是偏离主题的教学内容生硬地填塞进来。这种设计指导下的跨学科主题教学由于时空和师资的双重限制,时常沦为多个学科教师在教室内进行的"拼盘式"传授,课堂看似热闹非凡,却缺失有深度、有趣味的问题,学生的探究实际上是"假探究",课程主题、活动设计与学科教学并无两样,导致跨学科主题学习流于形式,难以达到预期效果。②

缺乏整合的分科课程所提炼和开发的知识体系往往是碎片化的、独立的、远离生活的,缺乏一致性和真实性的知识和技能撕裂了生活与知识的完整性,不利于解决现实生活中的问题。但是各学科素养之间是相互联系的,从教育整体培养目标的角度来看,学科之间需要协调和统整来培养学生,即素养取向的教育首先应该从培养一个完整的人的角度出发。③ 因此,跨学科主题学习的任务设计应该具备真实的情境,将问题置于一个真实的任务环境中有助于学生知识与能力的迁移,如果教师脱离学生的生活体验,没有为学生提供可以将知识技能应用到现实生活的机会,那么就无法将知识还原于丰富的生活情境,并以生活中富有挑战的问题作为组织中心引导学生经历问题解决的过程,学生一旦缺乏通过多元参与、协作和创造性地应用多学科的知识技能获得的真实的知识体验,活动的开展就陷入了形式主义。

五、学习缺乏有效评价,存在"虚假学习"现象

当前,跨学科主题教学课程评价体系不健全,没有纳入学校的教育评价体系中,对课程实施的效果衡量相对模糊,大部分学校主要是以学科教学成效对学生的学习进行评价,认为学科教学顺利完成就万事大吉,下意识地将跨学科主题教学看成学科教学的附庸,对其教学效果并不关注,也不作为教师和学生的考核要求。④ 无论是学科教学,还是跨学科教学,课堂中都或多或少存在着虚假学习的现象,这种虚假学习不仅表现在学习结果上,更表现在学习过程中。

在跨学科主题学习设计中,教师倾向于设计丰富热闹的学习活动,象征性地开展小组合作、学生展示等环节,但对评价设计的重视程度不够,没有采取有效的评价来考查学生是否达到了预期的学习目标,判断学生是否发生了真正的学习,这容易降低学生在跨学科主题学习活动中的获得感。⑤ Xiaoyi Gao 等对过去二十年跨学科 STEM 教育评估进行了

---

① 詹姆斯·比恩. 课程统整[M]. 单文经,等,译. 上海:华东师范大学出版社,2003.
② 黄敏. 跨学科德育主题教学的困境与出路[J]. 教学与管理,2018(18):92—94.
③ 钟启泉. 现代课程论[M]. 上海:上海教育出版社,2003:194.
④ 任学宝. 跨学科主题教学的内涵、困境与突破[J]. 课程·教材·教法,2022,42(04):59—64+72.
⑤ 洪俊,刘徽. 跨学科统整国家课程的校本化实施[M]. 上海:华东师范大学出版社,2020:63.

全面回顾,结果表明在跨学科STEM教育中,评价主要集中在对单学科知识、单学科情感领域和跨学科情感领域的评价上,没有实现提高学生跨学科理解或技能的目标。另外,在他们的研究中还发现跨学科STEM教育存在课程、教学和评估之间不一致的问题,比如大部分项目表示课程目标是提高学生对横切概念或跨学科技能的理解,但实际上很少有项目对这些内容进行评估,从而阻碍了从这些评估结果中得出的反馈的有效性,无法进一步改进教学设计。[1] 杨硕硕通过对中文核心期刊以及硕博论文中语文课程跨学科主题学习设计的案例分析得出,我国中学跨学科教学设计中,评价环节仍是短板,其所分析的34份案例中仅有半成考虑了评价环节,而且存在教师评价一言堂、过程性评价欠缺、评价内容较少等问题。[2] 有的学校虽在课程规划中有明确的办学理念和目标,但在具体的学习设计和实施中对核心思想体现不够,理念与实践脱节,评价体系不健全就无法保证教学评的一致性,即无法真正有效落实课标要求,实现有效教学,最终导致跨学科主题学习陷入无标准的虚无主义。

六、过于强调生成,设计具有盲目随意倾向

跨学科主题学习对于教师和学生而言都是一项新事物,教师有时因为其强调以学生为中心,尊重学生主体地位便任由学生探索,或者为了保证学习任务的高度真实,对学习过程缺少精细的安排设计,在跨学科主题学习的开放性与预设性之间无法准确把控张力。虽然生成性可以激发出许多可能实现跨学科的时机和方向,但教师往往处于探索的初级阶段,如果没有清晰的、预先设计的方案,那么很有可能无法对潜在的时机和方向做出恰当的判断,容易陷入胡乱地跨、没有目的地跨、为了跨而跨的地步,教师越讲越乱,学生越学越糊涂。

由于"跨学科主题学习"涉及不同学科的知识内容,有的内容甚至不在任课教师熟悉的范围之内,因而必须提前进行精心设计,跨必须有目的、有计划、有方案,而不是直到发现已经"讲不下去了的时候再随意地跨",想当然地跨。[3] 教师在教学之前必须要有计划、有步骤地实现既定的教学目标,如果没有前期的辨析、精准的预判、合理的设计,那么教师在教学的时候就无法适应教学模式的转换,在教学实施中难免出现教学目标混乱、教学设计无序、教学知识散乱、学科交叉重复、脱节或错位,课堂教学走马灯等问题。

---

[1] Gao, X., Li, P., Shen, J. et al. Reviewing assessment of student learning in interdisciplinary STEM education [J]. *International Journal of STEM Education*, 2020,07(01):1-14.
[2] 杨硕硕. 新课标背景下初中语文跨学科主题教学设计研究[D]. 舟山:浙江海洋大学,2024.
[3] 王卉,周序. 跨学科主题学习的理论意义及其实现——基于《义务教育课程方案(2022年版)》的思考[J]. 广西师范大学学报(哲学社会科学版),2023,59(03):85—91.

第二节 教师跨学科素养现状分析

一、研究背景

学科学习不仅是代表跨学科意识的课程观,更是一种融综合性和探究性为一体的深度学习方式。以服务国家重大战略为牵引,深化课程教学改革,助力拔尖创新人才的培养也需要在基础教育阶段大力发展跨学科学习。随着初高中新课程标准的颁布实施,课标明确要求通过跨学科主题学习的设置,用制度保障学科间的沟通、联系和融合。新形势下对于教师而言,跨学科主题学习不仅反映了素养时代下教学范式的转变,还体现了教师跨学科教学素养正在成为教师专业化的重要组成部分。

但需正视的是,上海教师的跨学科素养普遍不高。根据国际教师教学调查(TALIS)数据结果,上海中学阶段的教师对于跨学科教育教学知识在职前的准备、职后的学习机会以及在实际课堂中教学(如项目化学习组织、问题导向学习任务设计、批判性思维任务的设计)及评价策略(如表现性评价、信息技术的融合)的采用上均与发达国家及地区存在一定差距。这需要引起各级教师教育学院的高度重视。教师跨学科素养水平直接关系到核心素养在课程中的整合及育人成效的转化。本项目对杨浦区教师跨学科教学素养开展现状调研,以期形成基于教师知识—信念—实践等支撑跨学科教学的专业素养框架,发现目前学校教师存在的不足及提升路径。

二、调查样本及分布

本研究采用《中小学教师跨学科教学素养问卷》对上海市杨浦区 3 825 名中小学教师进行随机抽样调查。样本覆盖全学段及全学科类别,其人口学特征呈现以下特点。

如表 2-1 所示,从样本分布看,该调查以女教师为主体(79.84%),年龄结构以中青年教师占主体,46—55 岁(35.63%)和 26—35 岁(32.31%)。学历以本科为主(73.65%),硕士(24.16%)不足 1/3。职称分布呈橄榄型结构:中级职称教师占半数(52.03%),初级职称次

表 2-1 研究对象人口学特征及信息统计

项目	组别	人数	百分比
性别	男	771	20.16%
	女	3 054	79.84%

续　表

项目	组别	人数	百分比
年龄	25岁以下	170	4.44%
	26—35岁	1 236	32.31%
	36—45岁	947	24.76%
	46—55岁	1 363	35.63%
	56岁以上	109	2.85%
任教科目	语文	954	24.94%
	数学	915	23.92%
	外语(含英语、日语)	463	12.1%
	物理	208	5.44%
	化学	164	4.29%
	生物/生命科学	75	1.96%
	道法/政治	87	2.27%
	历史	91	2.38%
	地理	87	2.27%
	科学	144	3.76%
	劳动技术	15	0.39%
	信息(通用)技术	115	3.01%
	艺术/美术	76	1.99%
	音乐	59	1.54%
	体育	330	8.63%
	心理	35	0.92%
	综合/跨学科	7	0.18%
任教学科类型	STEM	1 715	44.84%
	非STEM	2 110	55.16%
任教学段	高中	827	21.62%
	初中	1 680	43.92%
	小学	1 318	34.46%
任教年限	0—5年	853	22.30%
	6—10年	632	16.52%
	11—15年	381	9.96%
	16—20年	337	8.81%
	20年以上	1 622	42.41%

续 表

项目	组别	人数	百分比
学历	博士研究生	23	0.60%
	硕士研究生	924	24.16%
	本科	2817	73.65%
	大专	59	1.54%
	大专以下	2	0.05%
职称	高级	450	11.76%
	中级	1990	52.03%
	初级	1211	31.66%
	无	174	4.55%

(注:STEM学科包含数学、物理、化学、生物/生命科学、地理、科学、信息技术等学科)

之(31.66%),高级职称教师占11.76%。

从专业背景分析,STEM学科教师占比44.84%,其中数学教师居首(23.92%),物理(5.44%)、化学(4.29%)、科学(3.76%)等学科次之。学段分布呈现初中教师为主(43.92%)、小学教师次之(34.46%)、高中教师最少(21.62%)。教龄结构呈现两极特征:经验教师占主体,大于20年教龄的经验教师占42.41%,0—5年职初教师次之(22.30%),中间教龄群体呈递减趋势。

三、调查工具信效度水平

(一) 验证性因子分析

为确保问卷维度划分及题目编制的合理性,本研究采用结构方程模型(SEM)对教师跨学科教学素养调查问卷进行验证性因子分析(CFA),以检验结构效度。验证性因子分析采用最大似然估计法(Maximum Likelihood),基于3825份有效问卷样本数据展开,最终在386次迭代后顺利达到收敛。

验证性因子分析的结果显示,卡方检验 p 值显著小于0.05,模型的比较拟合指数 CFI=0.932>0.90,TLI=0.927>0.90,表明该模型拟合优度良好。模型的均方根误差(RMSEA)为0.078,略高于0.05但仍处于可接受范围内;标准化均方根残差(SRMR)为0.043,小于0.08,表明模型拟合效果较好。此外,问卷各维度的标准化因子载荷均显著($p<0.001$),且大多数题目的标准化因子载荷大于0.70,说明各题项能够较好地反映对应的子维度。具体而言,教师跨学科教学知识的三个子维度因子载荷分别为0.906、0.974和0.960;教师跨学科教学行为的三个子维度因子载荷分别为0.975、0.988和0.971;教师跨学科教学信念的三个子维度因子载荷分别为0.975、0.997和0.964。

从理论上来说,对于新开发的问卷应当采用探索性因子分析(EFA)。但由于问卷各维度题目数据高度相关,对全部题目提取主成分为1(并不是3),因此 EFA 只能用于检验各子维度题目划分的合理性。而 CFA 可以通过构建结构方程模型检验问卷结构,包含各维度及对应子维度的整体结构效度检验,使用 CFA 似乎更加合理。

(二) 问卷信度分析

为确保问卷9个子维度中题目测评内容一致,本研究对这9个子维度进行信度分析,检验其内部一致性。信度分析结果如表2-2所示,各维度的 Cronbach α 系数均大于0.7,说明该问卷信度十分理想,理论上无须对各维度题目进行调整。

表2-2 问卷信度分析——克隆巴赫 α 系数

维度		Cronbach 系数
跨学科教学知识	跨学科教学知识	0.973
	社会情境性知识	0.958
	跨学科技术知识	0.735
跨学科教学行为	师师/师生协作过程	0.985
	社会协同过程	0.965
	技术涉入过程	0.948
跨学科教学信念	包容、开放性信念	0.973
	社会责任与道德因素	0.973
	技术接纳及风险考量	0.977

四、教师跨学科教学素养水平现状

项目组根据教师对跨学科教学知识、社会情境性知识和跨学科技术知识的理解和储备询问了相关问题,并根据教师的回答(如"完全不符合、基本不符合、一般符合、基本符合和完全符合")进行指标合成,形成分项指标。指标量纲为1—5,均值越高则表明教师在相应知识领域的储备水平越高。

(一) 教师跨学科教学知识领域

1. 跨学科教学知识

教师跨学科教学知识储备呈现较高水平且认知一致性较高。 如表2-3显示,所有题项

表2-3 跨学科教学知识各题项得分描述性统计

题目	均值 Mean	标准差 SD	完全不符合	基本不符合	一般符合	基本符合	完全符合
Q10.1 了解多学科知识	3.74	1.04	3.22%	6.72%	30.48%	31.79%	27.79%
Q10.2 整合学科间知识联系	3.62	0.93	1.80%	6.75%	38.93%	32.92%	19.60%
Q10.3 分析学生已有经验与跨学科需求	3.58	0.93	1.91%	6.98%	40.34%	32.44%	18.33%
Q10.4 运用跨学科教学模式及策略	3.55	0.93	2.04%	7.50%	41.23%	31.97%	17.26%

的平均得分集中于3.55—3.74分，标准差在0.93—1.04之间，表明教师自我评估较为集中。各题项中超过50%的教师选择"基本符合"及以上评价，其中Q10.1题项达到59.58%的最高认可比例，印证教师普遍掌握多学科基础知识。

具体而言，Q10.1题项（均值3.74，标准差1.04）表现最为突出：仅有3.22%教师选择"完全不符合"，27.79%选择"完全符合"，31.79%选择"基本符合"，显示出教师对多学科基础知识的掌握具有显著优势。而Q10.4题项（均值3.55，标准差0.93）则相对薄弱：其"完全不符合"比例达2.04%，"完全符合"比例仅17.26%，41.23%的教师仅达到"一般符合"水平，表明该群体在分析跨学科教学模式及策略时存在明显能力短板。所有题项中"完全不符合"与"基本不符合"的比例均未超过10%，进一步佐证教师群体在该维度的整体均衡性，仅少数教师存在显著知识缺口。

2. 社会情境性知识

教师社会情境性知识储备充分，群体认知一致性较高。 如表2-4显示，所有题项平均得分集中于3.70—3.81分，标准差在0.84—0.89之间，表明教师自我评估高度集中。各题项中超过50%的教师选择"基本符合"及以上评价，其中Q11.2题项达到63.25%的最高认可比例，印证教师对学生生活情境及社会实践具有深刻理解。

表2-4 社会情境性知识各题项得分描述性统计

题目	均值 Mean	标准差 SD	完全不符合	基本不符合	一般符合	基本符合	完全符合
Q11.1 联系学科解决生活问题	3.73	0.89	1.28%	4.60%	34.95%	37.88%	21.29%
Q11.2 熟悉学生生活情境	3.81	0.84	0.65%	3.06%	33.04%	40.89%	22.36%
Q11.3 关注社会事情关联学科	3.78	0.85	0.81%	3.27%	34.85%	39.66%	21.41%
Q11.4 识别事件跨学科知识	3.75	0.86	0.77%	4.03%	35.74%	38.75%	20.71%
Q11.5 思考事件跨学科应用	3.70	0.87	0.92%	4.68%	37.41%	37.23%	19.76%

具体而言,Q11.2题项(均值3.81,标准差0.84)表现尤为突出:仅0.65%教师选择"完全不符合",22.36%选择"完全符合",40.89%选择"基本符合",显示出教师对学生生活情境的高度敏感性。相较而言,Q11.5题项(均值3.70,标准差0.87)则相对薄弱:其"完全不符合"比例达0.92%,"完全符合"比例仅19.76%,37.41%的教师仅达到"一般符合"水平,反映出部分教师在将社会事件转化为教学资源时存在思维惰性。所有题项中"完全不符合"与"基本不符合"的比例均未超过5%,进一步佐证教师群体在该维度的整体均衡性,仅极少数教师存在显著知识缺口。

3. 跨学科技术知识

教师跨学科技术知识掌握水平呈现两极分化特征,传统技术运用能力强于新兴技术整合能力。 如表2-5所示,题项平均得分分布于3.63—4.07分,标准差分别为0.85和0.99,表明教师群体在该维度评估一致性较高。各题项中超过50%的教师选择"基本符合"及以上评价,其中Q12.1题项达到73.94%的高认可比例,表明教师能熟练运用传统搜索引擎获取教学资源。

表2-5 跨学科技术知识各题项得分描述性统计

题目	均值Mean	标准差SD	完全不符合	基本不符合	一般符合	基本符合	完全符合
Q12.1 使用百度等传统搜索引擎获取信息	4.07	0.85	0.55%	1.91%	23.61%	38.27%	35.67%
Q12.2 使用文心一言、ChatGPT等新兴技术整合跨学科资源	3.63	0.99	2.59%	8.00%	35.21%	32.29%	21.91%

具体而言,Q12.1题项(均值4.07,标准差0.85)表现尤为突出:仅0.55%教师选择"完全不符合",35.67%选择"完全符合",38.27%选择"基本符合",显示出教师在传统信息检索技术上的高度适应性。相较而言,Q12.2题项(均值3.63,标准差0.99)则相对薄弱:其"完全不符合"比例达2.59%,"完全符合"比例仅21.91%,35.21%的教师仅达到"一般符合"水平,反映部分教师在新兴技术资源整合方面存在能力短板。所有题项中"完全不符合"与"基本不符合"的比例均未超过10%,进一步佐证教师群体在该维度的整体均衡性,仅少数教师感到明显不足。

4. 小结

教师跨学科知识储备整体良好,但存在结构性差异。**从得分均值上看,跨学科技术知识表现较高,而跨学科教学知识相对较弱。** 如图2-1所示,三个子维度平均得分均高于3分,但呈现明显梯度差异:跨学科技术知识位居首位(3.85分),社会情境性知识次之(3.75分),跨学科教学知识相对薄弱(3.62分)。表明教师的技术工具掌握优于教学策略转化能力。这种均值分布揭示出教师群体在技术工具掌握维度已形成显著优势,但在将技术知识转化为

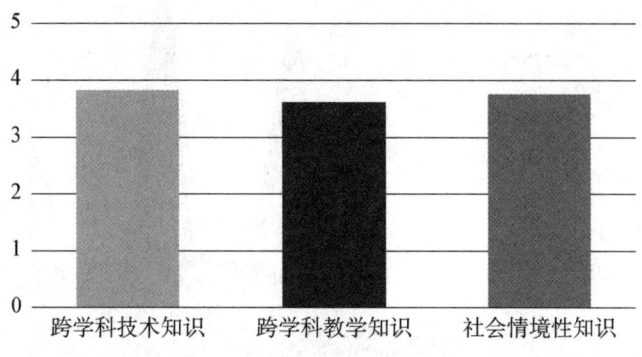

图 2-1 教师知识领域各子维度得分均值

有效教学策略方面仍存在短板。

从箱线图来看,教师跨学科知识呈现出不均衡发展态势,技术知识优势与技术转化短板并存。如图2-2所示,三个子维度得分中位数均高于3分,其中跨学科技术知识中位数最高且箱体上界接近满分,反映多数教师在此维度表现优异;而跨学科教学知识中位数最低,且存在少量低分离群点,提示该领域存在个别教师的显著能力短板。这种分布特征表明,教师在技术知识储备上已形成明显优势,但在将技术知识转化为实际教学实践能力方面仍需加强。

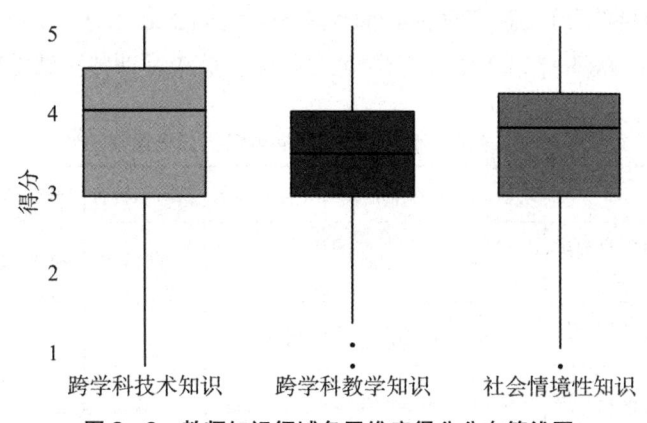

图 2-2 教师知识领域各子维度得分分布箱线图

从密度重叠图来看,教师跨学科知识储备呈现双峰分布特征,跨学科教学知识维度群体间差异较大。如图2-3所示,三个子维度得分均高度集中于3至5分区间,并在4分附近形成显著峰值,印证教师知识储备整体充足。密度曲线呈现多峰现象,多数教师位于高分段(4分以上),而小部分群体集中于中分段(3分左右),其中跨学科教学知识维度曲线波动幅度最大,其双峰间距明显宽于其他维度,表明该领域教师群体内部存在更突出的能力分层现象。

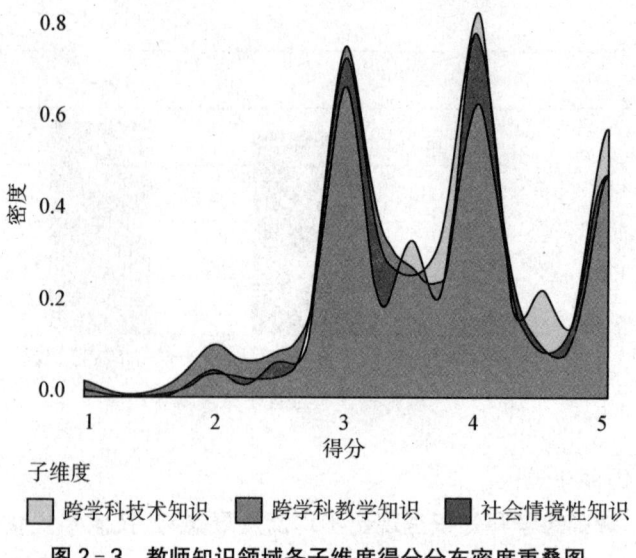

图 2-3 教师知识领域各子维度得分分布密度重叠图

(二) 教师跨学科教学行为领域

1. 师师、师生协作过程

教师在师师/师生协作过程维度整体表现较好，但在特定教学模式应用(应用问题式、项目化学习开展跨学科学习)上存在短板。如表 2-6 所示，各题项平均得分在 3.68—3.98 分之间，标准差集中于 0.84—0.89 区间，表明教师群体在该维度评估一致性较高。所有题项中

表 2-6 师师/师生协作过程各题项得分描述性统计

题目	均值 Mean	标准差 SD	完全不符合	基本不符合	一般符合	基本符合	完全符合
Q13.1 主动寻求其他学科教师的合作	3.88	0.88	0.78%	3.63%	29.62%	38.98%	26.99%
Q13.2 平等融洽地与其他学科教师进行跨学科合作	3.98	0.84	0.55%	2.17%	26.80%	39.71%	30.77%
Q13.3 合作中建设性批判交流	3.91	0.84	0.76%	2.27%	29.10%	41.20%	26.67%
Q13.4 与其他学科教师跨学科合作促进教学	3.79	0.88	0.99%	3.84%	33.15%	38.73%	23.29%
Q13.5 参与跨学科教研反思	3.80	0.88	1.02%	3.95%	32.73%	38.98%	23.32%
Q13.6 结合情境制定教学目标	3.77	0.88	1.02%	4.32%	33.59%	38.59%	22.48%
Q13.7 以目标引领知识整合	3.72	0.88	1.15%	4.73%	35.95%	37.28%	20.89%
Q13.8 按目标实施教学活动	3.73	0.88	1.10%	4.44%	35.92%	37.49%	21.05%

续表

题目	均值Mean	标准差SD	完全不符合	基本不符合	一般符合	基本符合	完全符合
Q13.9 掌握并应用问题式、项目式等跨学科教学模式	3.68	0.89	1.15%	5.49%	37.59%	35.95%	19.82%
Q13.10 提供学生情感与学习支架	3.72	0.88	1.20%	4.60%	35.53%	38.22%	20.45%
Q13.11 作为学生合作者促进深度学习	3.74	0.87	0.92%	4.52%	35.08%	38.77%	20.71%
Q13.12 设计跨学科表现性评价	3.70	0.87	0.92%	4.81%	37.23%	37.18%	19.86%
Q13.13 反思改进跨学科教学	3.76	0.87	0.99%	3.87%	34.98%	38.38%	21.78%

选择"基本符合"和"完全符合"的比例均超过50%，其中Q13.2题项达到70.48%的高认可比例，进一步印证教师平等合作能力较强。

具体而言，Q13.2题项（均值3.98，标准差0.84）表现尤为突出：仅0.55%教师选择"完全不符合"，30.77%选择"完全符合"，39.71%选择"基本符合"，显示出教师普遍能够在平等的基础上融洽地与其他学科教师进行合作与人际互动。而Q13.9题项（均值3.68，标准差0.89）则相对薄弱：其"完全不符合"比例达1.15%，"完全符合"比例仅19.82%，37.59%的教师仅达到"一般符合"水平，说明部分教师在实际教学中未能掌握并应用问题式、项目式等适应跨学科特点的教学模式。所有题项中"完全不符合"和"基本不符合"的比例均未超过10%，进一步说明教师群体在该维度的整体均衡性，仅少数教师存在显著的协作能力不足的问题。

2. 社会协同过程

教师在社会协同过程维度呈现较高水平，且自我评估一致性较高。 如表2-7所示，各题项均分集中于3.70—3.73分，标准差控制在0.87—0.89之间，反映出教师群体在该维度具有稳定且趋同的实践表现。所有题项中选择"基本符合"和"完全符合"的比例均超过50%，其中Q14.3题项达到58.64%的认可比例，进一步印证了教师能够有效挖掘和利用相关社会资源实施跨学科教学。

表2-7 社会协同过程各题项得分描述性统计

题目	均值Mean	标准差SD	完全不符合	基本不符合	一般符合	基本符合	完全符合
Q14.1 利用社会议题（如环境污染、贫困、疾病防控等）实施跨学科教学	3.70	0.89	1.15%	4.99%	37.15%	36.58%	20.13%

续表

题目	均值Mean	标准差SD	完全不符合	基本不符合	一般符合	基本符合	完全符合
Q14.2 结合学生需求设计跨学科教学	3.73	0.87	0.94%	4.16%	36.68%	37.54%	20.68%
Q14.3 挖掘社会资源(网络、社区、家长、学校资源等)实施跨学科教学	3.73	0.87	1.02%	3.95%	36.39%	37.99%	20.65%

具体而言,Q14.2和Q14.3题项(同为均值3.73,标准差0.87)表现尤为突出:其中,Q14.2中合计58.22%的教师能较好地将学生实际需求融入教学设计,Q14.3中合计58.64%的教师善于利用多元社会资源支持教学,进一步印证了资源利用的有效性。相比之下,Q14.1的均分略低(均值3.70,标准差为0.89),为三者中最低。该题项中合计56.71%的教师选择"基本符合"和"完全符合",表明部分教师较少将社会议题(如环境污染、贫困等)作为跨学科教学主题,议题式教学应用频率相对不足。所有题项中选择"完全不符合"和"基本不符合"的比例均未超过5%,说明教师群体在社会协同过程中无明显短板,但需在增强社会议题与学科融合的教学实践上进一步加强。

3. 技术涉入过程

教师技术涉入教学过程水平较高,群体间存在细微差异。 如表2-8所示,两题平均得分为3.68分和3.69分,标准差分别为0.88和0.89,表明教师群体在该维度评估一致性较高。各题项中超过50%的教师选择"基本符合"及以上评价,其中Q15.1题项达到56.29%的认可比例,印证教师能较好实现技术与跨学科教学的整合。

表2-8 技术涉入过程各题项得分描述性统计

题目	均值Mean	标准差SD	完全不符合	基本不符合	一般符合	基本符合	完全符合
Q15.1 运用技术工具创设数字化跨学科教学情境	3.69	0.88	1.04%	4.84%	37.83%	36.47%	19.82%
Q15.2 借助新兴技术辅助跨学科教学实施与评价	3.68	0.89	1.20%	5.10%	37.23%	36.29%	19.79%

具体而言,Q15.1题项(均值3.69,标准差0.88)表现略优:仅1.04%教师选择"完全不符合",19.82%选择"完全符合",36.47%选择"基本符合",显示出教师在数字化情境创设上的较强能力。Q15.2题项(均值3.68,标准差0.89)则相对接近:其"完全不符合"比例达1.20%,"完全符合"比例19.79%,36.29%的教师选择"基本符合",反映教师在借助网络信息资源以及生成式人工智能等新兴技术辅助教学实施与评价方面仍有提升空间。所有题项中"完全不符合"和"基本不符合"的比例均未超过10%,进一步说明教师群体在该维度的整体均衡性。

4. 小结

教师在跨学科教学行为领域整体表现良好,子维度能力存在发展不均衡的问题。从得分均值上看,师师/师生协作过程与技术涉入过程存在微小差异。如图2-4所示,三个行为子维度平均得分均高于3分,形成阶梯式分布:师师/师生协作过程领先(3.78分),社会协同过程次之(3.72分),技术涉入教学过程(3.69分)又次,最高与最低维度间仅相差0.09分。这种细微分差表明,教师群体在协作性教学实践方面已具备较强能力,但技术应用能力的微弱滞后提示需加强技术赋能教学的深度整合培训,以消除实践领域间的效能落差。

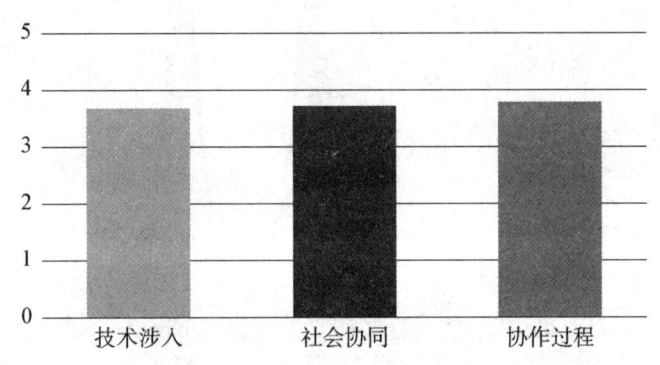

图2-4 教师跨学科教学行为领域各子维度得分均值

从箱线图来看,教师在跨学科教学行为领域水平整体优异,技术涉入与社会协同为优势领域。如图2-5所示,三个子维度得分中位数接近4.0分,其中技术涉入过程与社会协同过程的中位数最高,且箱体上界紧贴满分,显示教师在新兴技术应用和社会资源整合方面表现尤为突出;师师/师生协作过程的中位数相对较低,表明大多数教师在这一维度上的跨学科教学行为表现相对较低,仍存在提升空间。此外,箱线图中均出现少量低分离群点,凸显了个别教师在所有维度上的显著能力短板,需有针对性地加强培训。

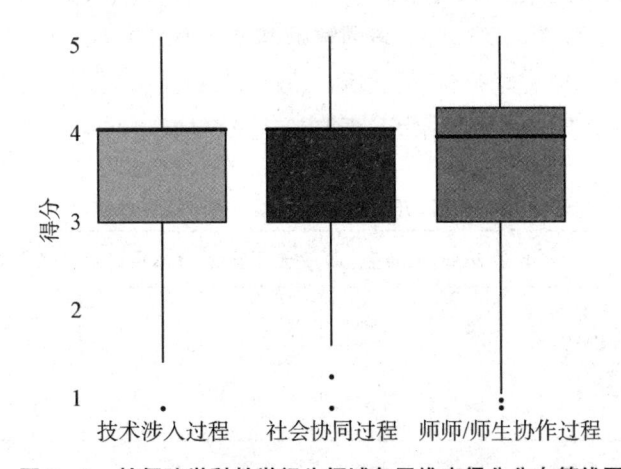

图2-5 教师跨学科教学行为领域各子维度得分分布箱线图

从密度重叠图来看,相较于其他两项子维度,教师在社会协同维度上群体间差异较大。如图2-6所示,教师跨学科教学行为领域得分高度集中于3—5分区间,并在3分、4分附近形成明显峰值,印证教师在行为领域整体水平较高。同时,社会协同过程维度曲线波动幅度最大,其双峰间距明显宽于其他维度,表明该领域教师群体内部存在更突出的能力分层现象,需重点关注该维度教师能力的均衡发展。

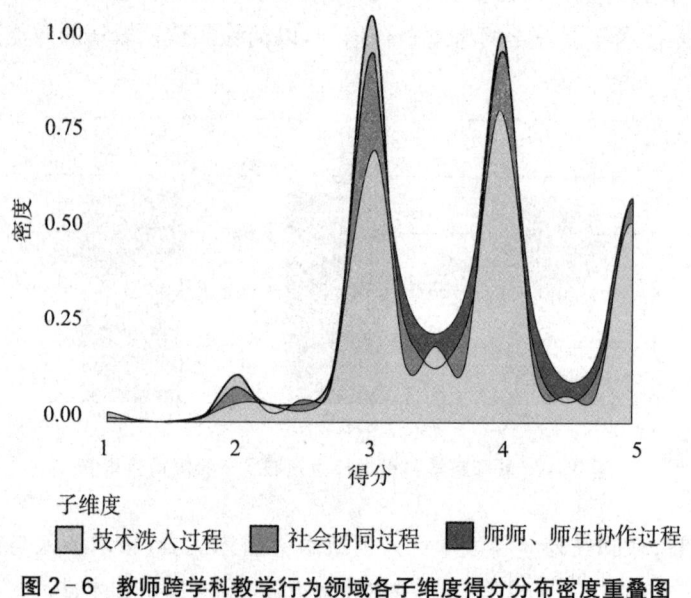

图2-6 教师跨学科教学行为领域各子维度得分分布密度重叠图

(三) 教师跨学科教学信念领域

1. 包容、开放性信念

教师包容性教育信念整体水平较高。如表2-9所示,各题项平均得分在3.88至4.00分之间,标准差介于0.83至0.86之间,表明教师群体在该维度自我评估一致性较高。所有题项中选择"基本符合"和"完全符合"的比例均超过50%,其中Q16.4题项达72.05%,印证了教师普遍愿意参与学生讨论并接纳多元观点。

表2-9 包容、开放性信念各题项得分描述性统计

题目	均值Mean	标准差SD	完全不符合	基本不符合	一般符合	基本符合	完全符合
Q16.1 支持跨学科知识整合培育学生真实情境问题解决能力	3.88	0.86	0.76%	2.77%	30.56%	39.35%	26.56%
Q16.2 愿意接纳课程变化并紧跟教育改革	3.96	0.84	0.65%	1.91%	27.82%	40.24%	29.38%

续 表

题目	均值Mean	标准差SD	完全不符合	基本不符合	一般符合	基本符合	完全符合
Q16.3 愿意参与跨学科教师合作	3.98	0.84	0.63%	2.07%	26.72%	40.08%	30.50%
Q16.4 愿意参与学生讨论并包容不同观点	4.00	0.83	0.58%	1.80%	25.57%	40.86%	31.19%
Q16.5 通过接纳变革能提升跨学科教学自信与自觉	3.91	0.84	0.65%	2.38%	29.39%	40.21%	27.37%

具体而言,Q16.4题项表现尤为突出(均分4.00,标准差0.83):仅0.58%教师选择"完全不符合",31.19%选择"完全符合",40.86%选择"基本符合",显示教师高度认同合作型师生角色。Q16.1题项相对薄弱(均分3.88,标准差0.86):26.56%教师选择"完全符合",39.35%选择"基本符合",30.56%选择"一般符合",反映部分教师对跨学科整合的必要性认识不足。其余题项得分集中于3.91—3.98分,选择"完全符合"的比例在27.37%至30.50%之间,表明教师在课程变革接纳、合作文化参与等方面具有积极倾向。所有题项中"完全不符合"和"基本不符合"的比例均未超过5%,进一步佐证教师群体在该维度的普遍共识。

2. 社会责任与道德因素

教师社会责任意识水平总体较高。如表2-10所示,各题项平均得分在3.93至4.00分之间,标准差介于0.84至0.85之间,表明教师群体在该维度自我评估一致性较高。所有题项中选择"基本符合"和"完全符合"的比例均超过50%,其中Q17.2题项达71.81%,印证教师普遍认同通过道德讨论培养学生社会责任感。

表2-10 社会责任与道德因素各题项得分描述性统计

题目	均值Mean	标准差SD	完全不符合	基本不符合	一般符合	基本符合	完全符合
Q17.1 认为跨学科教学助力学生身份建构与社会化	3.98	0.84	0.63%	2.09%	26.30%	40.78%	30.20%
Q17.2 认为跨学科教学需通过道德讨论培养伦理意识	4.00	0.84	0.68%	1.73%	25.78%	40.21%	31.60%
Q17.3 在跨学科实践中能理解教师角色规范促进专业成长	3.93	0.85	0.71%	2.30%	28.63%	40.44%	27.92%
Q17.4 在跨学科实践中能建立良好师生/同伴关系推动社会化	3.95	0.84	0.65%	1.91%	28.16%	40.60%	28.68%

具体而言,Q17.2题项表现尤为突出(均分4.00,标准差0.84):仅0.68%教师选择"完全不符合",31.60%选择"完全符合",40.21%选择"基本符合",显示教师高度认同道德讨论的教育价值。Q17.3题项相对薄弱(均分3.93,标准差0.85):27.92%教师选择"完全符合",

40.44%选择"基本符合",28.63%选择"一般符合",反映部分教师对角色规范理解不足,未能实现自身的专业成长。其余题项得分集中于3.95至3.98分,选择"完全符合"的比例在28.68%至30.20%之间,表明教师在身份建构、师生关系等方面具有积极倾向。所有题项中"完全不符合"和"基本不符合"的比例均未超过5%,进一步佐证教师群体在该维度的普遍共识,仅有极少数教师在此方面存在明显不足。

3. 技术接纳与风险考量

教师技术接纳及风险考量的意识较强。如表2-11所示,各题项平均得分在3.92至3.96分之间,标准差介于0.83至0.84之间,表明教师群体在该维度的自我评估一致性较高。

表2-11 技术接纳与风险考量各题项得分描述性统计

题目	均值Mean	标准差SD	完全不符合	基本不符合	一般符合	基本符合	完全符合
Q18.1 能接纳新技术变革并应用于跨学科教学	3.92	0.84	0.68%	2.33%	28.86%	40.71%	27.42%
Q18.2 能考量技术应用中的教学风险	3.95	0.83	0.68%	1.80%	27.16%	42.30%	28.05%
Q18.3 能规避技术应用中的教学风险	3.94	0.83	0.67%	1.86%	27.95%	41.78%	27.74%
Q18.4 能考量技术应用中的伦理问题	3.95	0.84	0.74%	1.96%	27.74%	40.99%	28.57%
Q18.5 能规避技术应用中的伦理问题	3.96	0.84	0.76%	2.01%	27.19%	40.89%	29.15%

所有题项中选择"基本符合"和"完全符合"的比例均超过50%,其中Q18.5题项达70.04%,印证教师普遍重视技术应用中的伦理风险规避。

具体而言,Q18.5题项表现尤为突出(均分3.96,标准差0.84):仅0.76%教师选择"完全不符合",29.15%选择"完全符合",40.89%选择"基本符合",显示教师高度关注伦理问题。Q18.1题项相对薄弱(均分3.92,标准差0.84):27.42%教师选择"完全符合",40.71%选择"基本符合",28.86%选择"一般符合",反映部分教师对技术变革的接纳度不足。其余题项得分集中于3.94至3.95分,选择"完全符合"的比例均在27.74%至28.57%之间,表明教师在风险考量、伦理规避等方面具有积极倾向。所有题项中"完全不符合"和"基本不符合"的比例均未超过5%,进一步佐证教师群体在该维度的普遍共识,仅有极少数教师在此方面存在明显不足。

4. 小结

整体而言,教师跨学科教学信念强于教师跨学科教学知识和行为且发展水平均衡。**从得分均值上看,跨学科教学信念维度呈现高位均衡特征。**如图2-7所示,教师在跨学科教学信念领

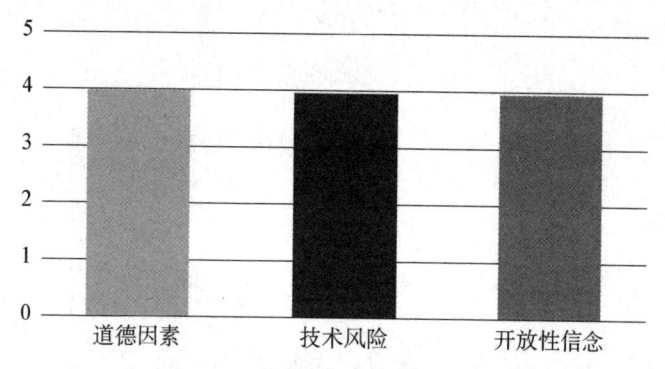

图 2-7　教师跨学科教学信念领域各子维度得分均值

域的三个子维度平均得分均接近 4 分,其中,社会责任与道德因素平均得分最高(3.96 分),包容、开放性信念平均得分居中(3.95 分),技术接纳与风险考量平均得分相对较低(3.94 分)。

从箱线图来看,教师在跨学科教学信念领域水平整体优异,无明显差异。 如图 2-8 所示,三个子维度得分中位数均超过 4 分,其中,社会责任与道德因素的得分中位数最高,其箱体上界和 75% 分位线重合,最接近 5 分,表明该维度教师表现最为集中优异。技术接纳与风险考量的得分中位数相对略低,但仍处于较高水平。这三个维度上的得分均为低分离群点,表明大部分教师在信念领域的三个维度上表现较为相似,差异并不显著。

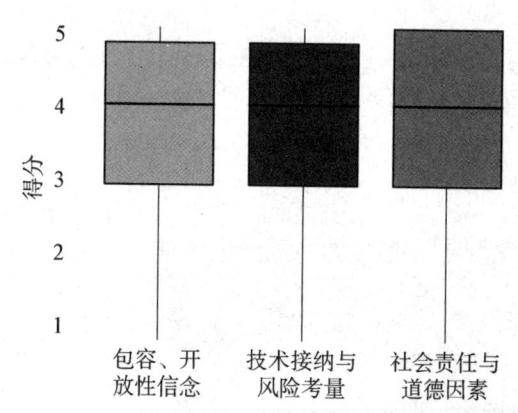

图 2-8　教师跨学科教学信念领域各子维度得分分布箱线图

从密度重叠图来看,跨学科教师信念领域呈现双峰分布特征,三个子维度的密度分布形态极为相似。 如图 2-9 所示,教师得分主要集中在 3 至 5 分区间,且在接近 4 分附近形成明显峰值,印证教师具备较高的跨学科教学信念。多峰现象揭示教师群体内部存在细微分化:部分教师得分集中在 3 分左右形成次峰值,另一部分则集中在 4 分及以上,但整体仍保持较高的一致性。总体来看,教师不仅具备较高的跨学科教学信念,在各信念子维度上也表现出较为一致的水平分布。

图 2-9 教师跨学科教学信念领域各子维度得分分布密度重叠图

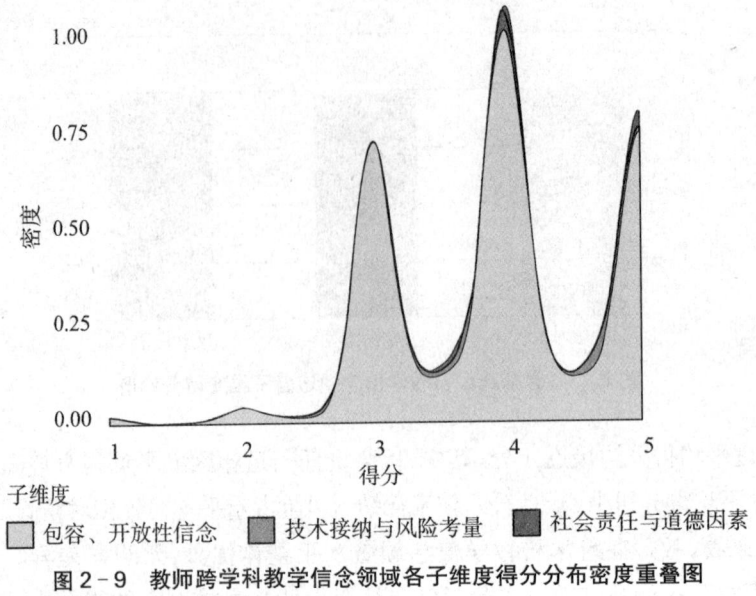

(四) 教师跨学科教学知识—行动—信念的互动关系

本研究绘制了教师跨学科教学知识、行为、信念整体领域以及下属各子维度的跨学科素养表现相关性热力图。

本研究数据结果表明,教师跨学科教学知识、行为、信念三大领域之间呈现高度正相关性。如图 2-10 所示,知识领域与行为领域的相关系数为 0.89,知识领域与信念领域的相关

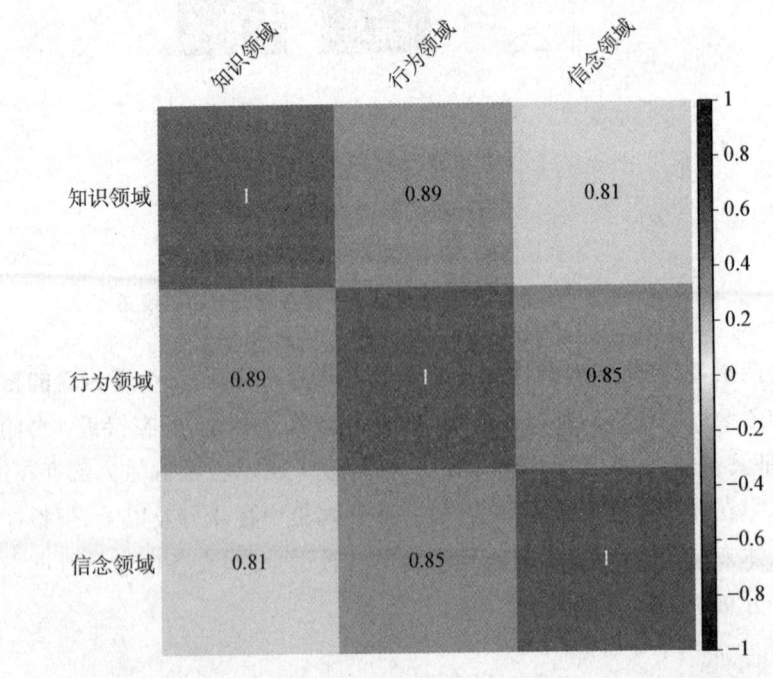

图 2-10 教师跨学科教学知识、行为、信念领域的相关性热力图

系数为0.81,行为领域与信念领域的相关系数为0.85,均达到较高水平。这表明在教师的跨学科教学素养中,知识、行为和信念三者之间紧密联系,相互促进。

进一步对各子维度之间的相关性进行可视化分析发现,**各维度内部普遍存在显著的正相关**。如图2-11所示,行为领域内部的"师师/师生协作过程"与"社会协同过程"之间的相关系数达到0.92,与"技术涉入过程"的相关系数也接近0.9,说明在教师的跨学科教学实践中,个体、社会间的协作与技术融入是紧密结合、共同发展的。在信念领域内部,教师的"包容、开放性信念""社会责任与道德因素"与"技术接纳与风险考量"之间的相关系数均超过0.9,最高达到0.94,说明教师不同方面的跨学科教学信念表现较为统一。相对而言,教师在跨学科教学知识领域的内部相关性最低,但各维度间的相关系数也基本达到了0.7,说明教师在知识领域的不同方面表现出较强的关联性。

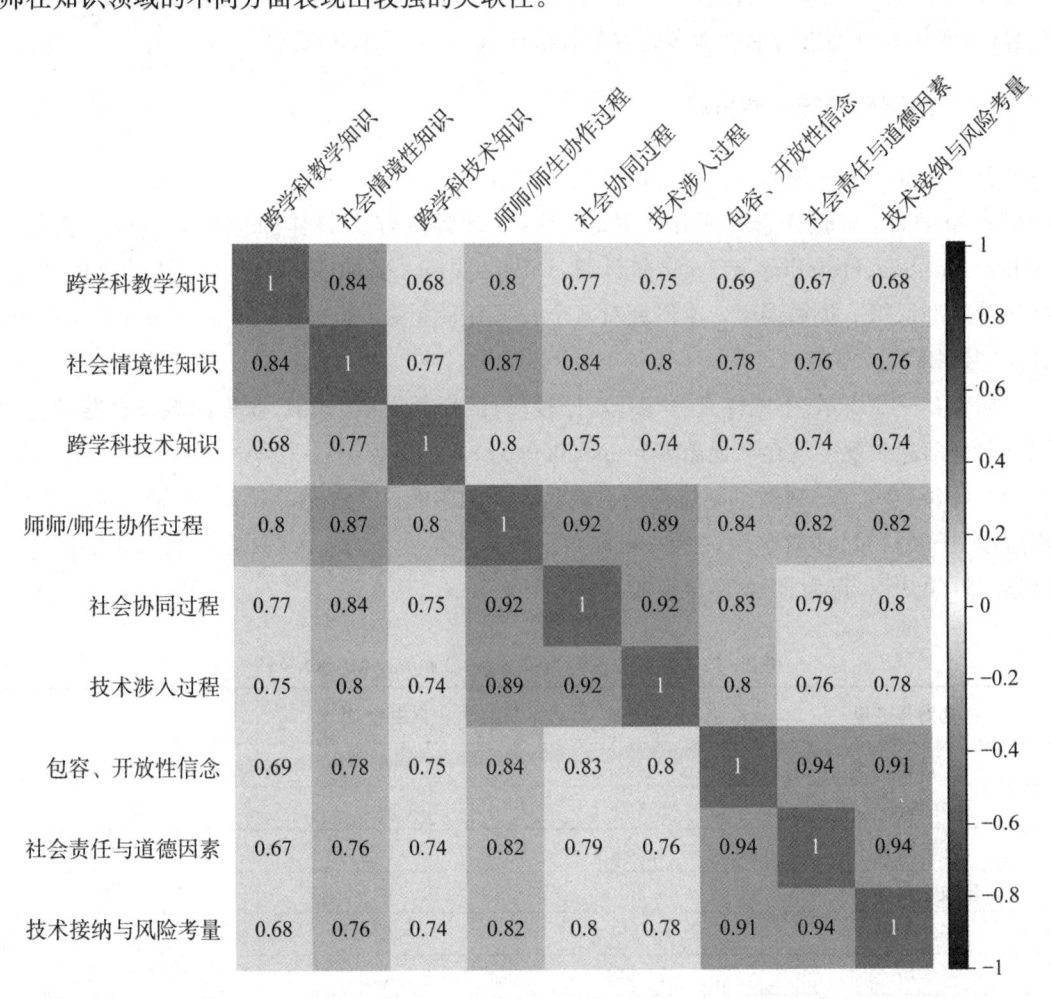

	跨学科教学知识	社会情境性知识	跨学科技术知识	师师/师生协作过程	社会协同过程	技术涉入过程	包容、开放性信念	社会责任与道德因素	技术接纳与风险考量
跨学科教学知识	1	0.84	0.68	0.8	0.77	0.75	0.69	0.67	0.68
社会情境性知识	0.84	1	0.77	0.87	0.84	0.8	0.78	0.76	0.76
跨学科技术知识	0.68	0.77	1	0.8	0.75	0.74	0.75	0.74	0.74
师师/师生协作过程	0.8	0.87	0.8	1	0.92	0.89	0.84	0.82	0.82
社会协同过程	0.77	0.84	0.75	0.92	1	0.92	0.83	0.79	0.8
技术涉入过程	0.75	0.8	0.74	0.89	0.92	1	0.8	0.76	0.78
包容、开放性信念	0.69	0.78	0.75	0.84	0.83	0.8	1	0.94	0.91
社会责任与道德因素	0.67	0.76	0.74	0.82	0.79	0.76	0.94	1	0.94
技术接纳与风险考量	0.68	0.76	0.74	0.82	0.8	0.78	0.91	0.94	1

图2-11 教师跨学科教学知识、行为、信念领域子维度的相关性热力图

此外,**教师在每个维度上的表现与其他领域的子维度间也具备较高的正相关性**,相关系

数普遍大于或接近 0.7。这表明教师在知识、行为与信念各方面的发展并不是孤立的,而是相互促进、共同提升的;当教师在某一领域具备较高水平时,往往也在其他领域上表现出较好的素养。教师跨学科教学素养作为一个整体性结构,各维度的教师跨学科素养间存在着联动关系。因此,培养教师的跨学科综合素养至关重要。

五、教师跨学科教学素养的差异分析

由相关性热力图可知,教师跨学科教学知识、行为、信念领域的绝大多数维度之间存在高度相关性。为避免多重共线性,本研究以教师知识、行为、信念整体维度的平均得分为因变量,以教师性别、年龄段、任教科目、任教学科类型、任教学段、学历、教龄、职称为教师背景变量(自变量),分别进行单因素多元方差分析(One-way MANOVA)。

(一) 单因素多元方差分析

鉴于教师背景变量的各组样本量存在一定的不平衡,为确保多元方差分析(MANOVA)结果的稳健性,本研究选择采用 Pillai's Trace 统计量作为整体效应检验指标。相较于 Wilks' Lambda、Hotelling's Trace 统计量,Pillai's Trace 更加适用于样本量不均衡的情况,能够有效降低第一类错误率。本研究对 8 个教师背景变量进行初步的单因素多元方差分析,具体结果如下。

如表 2-12 所示,不同性别、年龄段、任教科目、任教学段、教龄、职称的教师在跨学科知识、行为、信念表现上均存在显著差异($p<0.001$);而任教学科类型($p=0.862>0.05$)与学历($p=0.087>0.05$)对教师整体跨学科素养表现的影响并不显著。因此,本研究选取性别、年龄段、任教科目、任教学段、教龄、职称六个教师背景变量,进一步探究不同背景的教师在跨学科教学知识、行为、信念领域上的具体差异表现。

表 2-12 单因素多元方差分析(One-way MANOVA)

教师背景变量	F 统计量	自由度 Df	p 值
性别	8.36	1	0.000***
年龄段	8.84	4	0.000***
任教科目	2.23	16	0.000***
任教学科类型	0.25	1	0.862
任教学段	12.81	2	0.000***
学历	1.59	4	0.087
教龄	9.26	4	0.000***
职称	8.43	3	0.000***

注:* $p<0.05$,** $p<0.01$,*** $p<0.001$,无标记即为不显著。

(二) 单因素方差分析及事后检验

考虑到组间样本量不相等且差距较大的实际情况,本研究采用 Welch 方法和 Games-Howell 事后检验(变量大于或等于 3 个分组),分别对性别、年龄段、任教科目、任教学段、教龄、职称六个教师背景变量分别进行单因素方差分析,明确不同组别之间是否存在差异以及差异的具体来源。

1. 性别:对教师跨学科素养的整体影响有限

Welch 方差分析结果显示,不同性别教师在跨学科教学知识、行为、信念三个领域上的表现差异并不显著($p>0.05$)。如表 2-13 所示,知识领域 F 统计量为 2.39(p=0.122),行为领域 F 统计量为 0.45(p=0.501),信念领域 F 统计量为 1.91(p=0.168),表明性别在单一素养维度上的影响较为微弱。

表 2-13 不同性别教师跨学科教学素养的 Welch 方差分析

领域	F 统计量	组间自由度 Df	p 值
知识	2.39	1	0.122
行为	0.45	1	0.501
信念	1.91	1	0.168

注:* $p<0.05$,** $p<0.01$,*** $p<0.001$,无标记即为不显著。

然而,性别在多元方差分析的结果却具有显著差异。这表明,性别虽在跨学科教学素养的整体结构上存在一定差异,但在跨学科单一素养维度上的差异尚不足以达到显著水平。如图 2-12 所示,男性教师在知识和行为领域的跨学科教学平均得分高于女性教师,而在信念领域的平均得分低于女性教师。然而,不同性别教师的跨学科教学素养并无统计学意义上的显著差别。

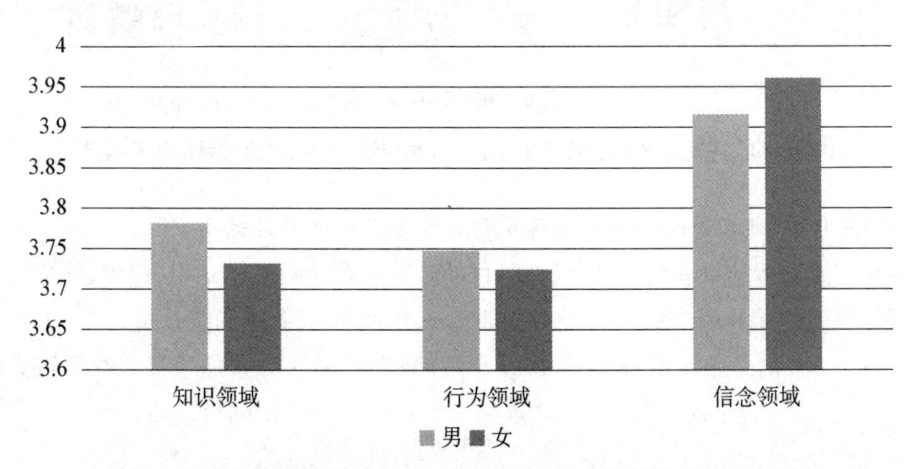

图 2-12 不同性别教师在跨学科教学知识、行为、信念领域的平均得分

2. 年龄：青年教师跨学科教学素养显著优于经验教师（教龄大于20年）

Welch方差分析结果显示，不同年龄段教师在跨学科教学知识、行为、信念三个领域上的表现具有显著差异（$p<0.001$）。如表2-14所示，知识领域F统计量为22.63，行为领域F统计量为27.13，信念领域F统计量为1.908，表明年龄对教师跨学科素养具有显著影响。

表2-14 不同年龄段教师跨学科教学素养的Welch方差分析

领域	F统计量	组间自由度Df	p值
知识	22.63	4	0.000***
行为	27.13	4	0.000***
信念	1.908	4	0.000***

注：* $p<0.05$，** $p<0.01$，*** $p<0.001$，无标记即为不显著。

结合Games-Howell事后检验发现，不同年龄段教师教学知识、行为与信念三个领域的组间差异来源呈现相似的结构特征，表明同一年龄段教师在知、行、意三个不同领域上的跨学科教学表现模式较为一致。如图2-13所示，青年教师的跨学科教学素养显著高于经验教师，青年教师相比于经验教师具有更高水平的跨学科教学知识、教育实践和教学信念。

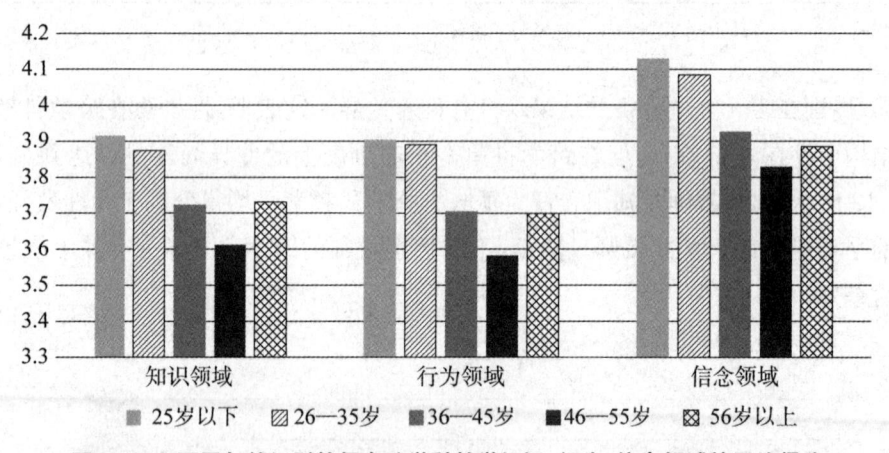

图2-13 不同年龄组别教师在跨学科教学知识、行为、信念领域的平均得分

3. 学科：科学、地理等学科教师的跨学科教学素养水平显著偏高

Welch方差分析结果表明，不同任教科目的教师在跨学科教学知识、行为、信念三个领域上的表现具有显著差异（$p<0.001$）。如表2-15所示，知识领域F统计量为4.32，行为领域F统计量为4.50，信念领域F统计量为4.43，凸显学科属性对教师跨学科教学素养的塑造作用。

表 2-15　不同年龄段教师跨学科教学素养的 Welch 方差分析

领域	F 统计量	组间自由度 Df	p 值
知识	4.32	16	0.000***
行为	4.50	16	0.000***
信念	4.43	16	0.000***

注：* p<0.05，** p<0.01，*** p<0.001，无标记即为不显著。

结合 Games-Howell 事后检验发现，不同学科教师在教学知识、行为与信念三个领域的组间差异来源呈现相似的结构特征，主要体现为科学与外语、物理、数学间的表现差异。如图 2-14 所示，**科学、地理、劳动技术、音乐、综合与实践学科的任课教师跨学科教学素养显著高于其他学科任课教师**。总体来看，同一学科教师在知、行、意三个不同领域上的跨学科教学素养水平较为一致。

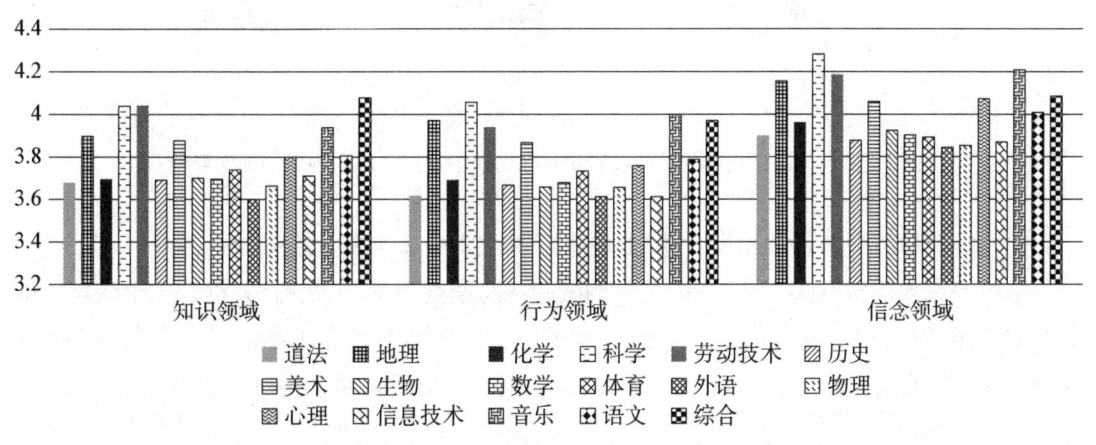

图 2-14　不同任教科目教师在跨学科教学知识、行为、信念领域的平均得分

4. 学段：高中教师的跨学科教学素养显著较高

Welch 方差分析结果显示，不同任教学段教师在跨学科教学知识、行为、信念三个领域上的表现具有显著差异（$p<0.001$）。如表 2-16 所示，知识领域 F 统计量为 36.40，行为领域 F 统计量为 31.85，信念领域 F 统计量为 30.40，表明学段层次对教师跨学科教学素养具有显著影响。

表 2-16　不同任教学段教师跨学科教学素养的 Welch 方差分析

领域	F 统计量	组间自由度 Df	p 值
知识	36.40	2	0.000***
行为	31.85	2	0.000***
信念	30.40	2	0.000***

注：* p<0.05，** p<0.01，*** p<0.001，无标记即为不显著。

结合 Games-Howell 事后检验发现,不同任教学段教师在知识、行为与信念三个领域的组间差异来源呈现相似的结构特征,小学、初中、高中学段教师的跨学科教学素养两两之间均存在显著差异。如图 2-15 可知,高中教师的跨学科教学素养显著高于初中和小学教师。总体上看,随着任教学段的升高,教师的跨学科教学素养在知识、行为、信念层面均有显著提升。

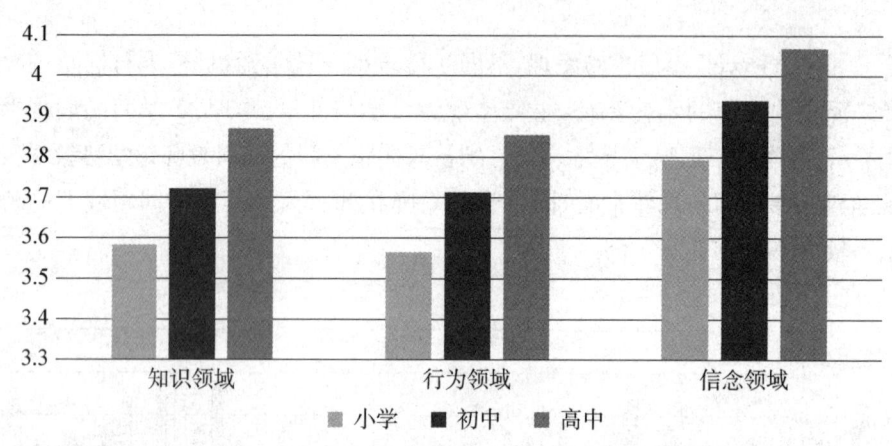

图 2-15 不同任教学段教师在跨学科教学知识、行为、信念领域的平均得分

5. 教龄:职初教师(教龄 0—5 年)的跨学科教学素养显著高于经验教师

Welch 方差分析结果表明,不同教龄的教师在跨学科教学知识、行为、信念三个领域上的表现具有显著差异($p<0.001$)。如表 2-17 所示,知识领域 F 统计量为 23.30,行为领域 F 统计量为 27.34,信念领域 F 统计量为 19.30,表明教龄对教师跨学科教学素养的显著影响。

表 2-17 不同教龄教师跨学科教学素养的 Welch 方差分析

领域	F 统计量	组间自由度 Df	p 值
知识	23.30	4	0.000***
行为	27.34	4	0.000***
信念	19.30	4	0.000***

注:* $p<0.05$,** $p<0.01$,*** $p<0.001$,无标记即为不显著。

结合 Games-Howell 事后检验发现,不同教龄教师在跨学科教学知识、行为与信念三个领域的组间差异来源呈现相似的结构特征,且 6—20 年教龄的教师在知、行、意三个不同领域上的跨学科教学表现差异并不显著,其组间差异主要来自新手教师与经验教师。如图 2-16 所示,新手教师的跨学科教学素养显著高于经验教师。总体上看,随着教师教龄的增加,教师的跨学科教学素养在知识、行为、信念层面均有显著下降。

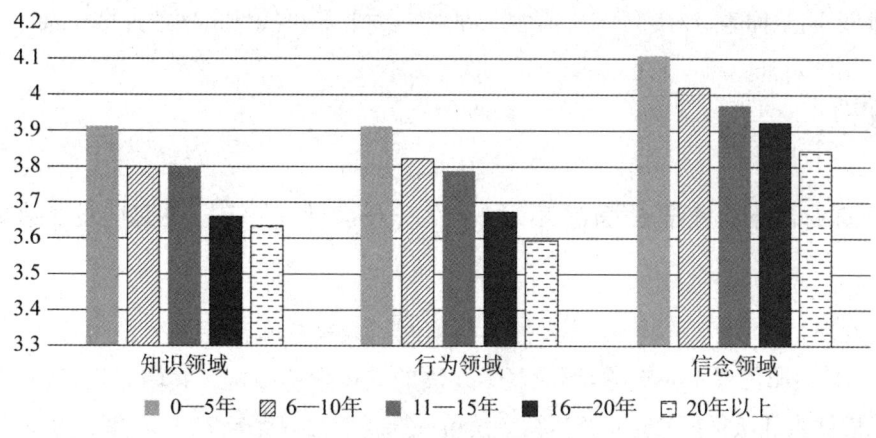

图 2-16 不同教龄教师在跨学科教学知识、行为、信念领域的平均得分

6. 职称：中级职称教师的跨学科教学素养显著偏低

Welch 方差分析结果表明，不同职称的教师在跨学科教学知识、行为、信念三个领域上的表现具有显著差异（$p<0.001$）。如表 2-18 所示，知识领域 F 统计量为 17.46，行为领域 F 统计量为 23.67，信念领域 F 统计量为 19.16，凸显职称等级对教师跨学科素养的显著影响。

表 2-18 不同职称教师跨学科教学素养的 Welch 方差分析

领域	F 统计量	组间自由度 Df	p 值
知识	17.46	3	0.000***
行为	23.67	3	0.000***
信念	19.16	3	0.000***

注：* $p<0.05$，** $p<0.01$，*** $p<0.001$，无标记即为不显著。

结合 Games-Howell 事后检验发现，不同职称教师在跨学科教学知识、行为与信念三个领域的组间差异来源呈现相似的结构特征，主要表现为中级职称教师与未评级、初级职称教师间的差异。如图 2-17 所示，中级职称教师的跨学科教学素养显著低于未评级教师或初级

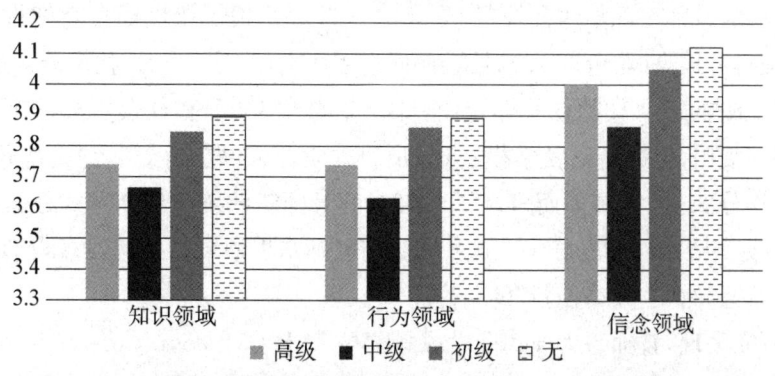

图 2-17 不同职称教师在跨学科教学知识、行为、信念领域的平均得分

职称教师,表明职称等级对跨学科教学素养的影响并非简单线性递增或递减关系。

六、结语

(一) 教师跨学科教学素养由"知识—行为—信念"联动构成,关键在发展跨学科教学知识

研究发现,教师跨学科教学知识、行为与信念三大领域间存在显著正相关性(相关系数均高于0.8),表明三者互为支撑,形成联动发展的整体素养结构。具体而言,教师在跨学科技术知识维度表现最优(均分3.85),社会情境性知识次之(均分3.75),而跨学科教学知识相对薄弱(均分3.62)。这一差异反映出教师群体在技术工具应用能力上已形成优势,但在学科知识整合、教学模式设计等核心教学策略转化层面存在明显短板。例如,Q10.4题项(运用跨学科教学模式及策略)的"完全符合"比例仅17.26%,且标准差达0.93,表明教师在此领域的实践能力分化显著。其中,技术知识与教学知识间的割裂现象尤为突出:尽管教师能熟练使用传统搜索引擎(Q12.1均分4.07),但仅有21.91%的教师能有效整合新兴技术资源(如ChatGPT、文心一言等)支持教学(Q12.2)。这种"技术工具主导、教学策略滞后"的结构性失衡,提示需通过系统性培训强化教师将技术资源转化为教学实践的能力,例如设计跨学科课程开发工作坊,建立学科知识融合的标准化框架,以弥合知识领域的断层。

跨学科教学知识维度的双峰分布特征(图2-3)进一步揭示了教师能力分层的深层次矛盾:约四成的教师得分集中于4分以上高分段,而三成的教师则处于3分左右的中间段。这种分化可能与教师专业背景的单一性有关。本次调查中的STEM学科教师占比44.84%,其知识整合能力并不显著优于非STEM教师(图2-14),仅在具体学科中存在差异,例如科学、地理教师表现更优。因此,未来教师培训需突破学科壁垒,重点培养教师基于真实情境的多学科问题解决能力,而非仅强调技术工具的机械应用。

(二) 教师跨学科教学行为呈现"协作优先、技术滞后"特征,创新教学模式应用不足

在行为领域,教师表现整体良好(均分3.78—3.69),但子维度间存在细微差异。师师/师生协作过程得分最高(均分3.78),社会协同过程次之(均分3.72),技术涉入过程相对滞后(均分3.69)。数据显示,教师在平等合作(Q13.2均分3.98)和社会资源挖掘(Q14.3均分3.73)方面表现突出,但在新兴教学模式(如项目式学习、问题导向学习)的应用上存在明显短板(Q13.9均分3.68)。具体而言,仅19.82%的教师能熟练应用问题式教学模式,且标准差达0.89,表明实践能力高度分化。这一现象与教师知识领域的结构性短板形成呼应,验证了"技术工具掌握≠教学策略创新"的结论。

进一步研究发现,教师行为模式受学段影响显著($F=31.85, p<0.001$)。高中教师跨学

科行为得分显著高于小学教师(图2-15),可能与高学段课程内容复杂性更高、学科交叉需求更强有关。然而,初中教师占比达43.92%,但其行为得分却低于高中教师,提示初中阶段可能成为跨学科实践的"洼地"。此外,教龄对行为表现呈现负向效应(图2-16);新手教师(0—5年)得分显著高于经验教师(20年以上),反映出传统教学惯性对新教学模式应用的制约。因此,需构建"以老带新"的跨学科教研共同体,通过经验教师的技术赋能和新手教师的创新思维互补,推动行为模式的迭代升级。

(三) 教师跨学科教学信念整体偏高且发展均衡

信念领域整体表现优异(均分3.94—3.96),三个子维度差异微小(最大分差仅0.02)。教师普遍具备开放包容的教育理念(Q16.4均分4.00)和强烈的社会责任感(Q17.2均分4.00),但在技术变革接纳(Q18.1均分3.92)和角色规范理解(Q17.3均分3.93)上略显不足。值得注意的是,尽管教师认同技术伦理风险规避的重要性(Q18.5均分3.96),但其技术应用仍集中于传统工具(如搜索引擎),对生成式人工智能等新兴技术的整合意愿较低。这种"理念超前、实践保守"的矛盾,可能与技术培训的实用性不足有关。结合调查样本基本信息,仅24.16%的教师拥有硕士学位,且高级职称占比仅11.76%,反映专业化发展渠道的局限性。

另一方面,学科背景显著影响信念水平($F=4.43, p<0.001$)。科学、地理等学科教师信念得分更高(图2-14),可能与其学科天然的跨学科属性相关;而语文、数学等单科教师则更倾向于固化学科边界。因此,需通过跨学科教研联盟的建立,强化不同学科教师的理念互通,例如组织学科融合案例分享会,推动教师从"学科本位"向"素养本位"转型。

(四) 需要关注特定教师群体,提供精准支持

差异分析显示,年龄、学段、教龄、职称等背景变量对教师素养具有显著影响($p<0.001$)。第一,教龄差异。职初教师在知识、行为、信念三领域均优于经验教师(图2-13),可能与数字化原生代的技术适应性更强有关;第二,高中教师跨学科素养得分显著高于其他学段教师(图2-15);第三,科学、地理等学科教师跨学科教学素养显著高于其他学科教师(图2-14);第四,中级职称教师的跨学科教学素养显著低于初级和未评级教师(图2-17)。

这些发现对教师队伍建设具有重要启示:一方面,需开发并推行针对资深教师的新兴技术辅助教学的培训课程,并尝试通过微认证机制激励其参与跨学科实践;另一方面,应优化高学段与低学段的资源分配,例如在小学阶段试点跨学科主题课程,缩小学段间的素养落差。此外,需重构职称评审标准,将跨学科教学成果纳入考核体系,打破"资历优先"的晋升惯性。

第三章 跨学科主题学习的实施路径与策略

第一节 跨学科主题学习的实施路径

由于各科课程标准已基本提供了各自的跨学科主题学习的主题内容,目前的教材编写基于课标也都设置了跨学科主题单元的主题、目标、实施过程及评价方案,因而下面将围绕明确学习目标、组织学习内容、展开学习过程和实施学习评价等核心环节探讨跨学科主题学习的实施要点。

一、明确学习目标

学科的跨学科主题学习在课标中通常会展现这个主题的育人价值,这体现了课标对课程育人理念的落实。在具体实施层面,每一个主题的学习目标的确定需要从目标确定的依据以及具体的撰写逻辑方面进行考查。就目标确定的依据而言,首先,需要考虑目标的学科素养和跨学科素养来源,跨学科主题学习的实施首要的是落实所涉及学科的核心素养,但也不排除培育学生的跨学科素养,从而实现二者的交融互促。为此,在确定目标时要考虑选择所涉及学科的哪些核心素养及跨学科素养作为素养的目标来源(如表3-1所示)。

表3-1 跨学科素养的划分[①]

维度	素养
高阶认知	批判性思维、创造性与问题解决、学会学习与终身学习

---

① 刘坚,魏锐,郑琰,等.5C核心素养:教育创新指南针[M].北京:教育科学出版社,2021:27.

续　表

维度	素养
个人成长	自我认识与自我调控、人生规划与幸福生活
社会性发展	沟通与合作、领导力、跨文化与国际理解、公民责任与社会参与

其次,分析所涉及学科的核心概念,究竟纳入哪些学科的核心概念与技能才能很好地完成跨学科主题学习的任务,目标设计需要考虑两门或两门以上学科核心概念的覆盖性。再次,依据学业质量标准确定目标撰写的水平,以便使目标符合不同年段学生的发展需求。

就目标撰写的方式而言,首先要遵循任务逻辑撰写目标,避免以学科各自罗列目标的方式呈现。其次,在具体的表述上,与任务相对应,每一条目标都应是三维的,因为任务不仅承载了所涉及学科的核心概念与技能,在任务执行和完成的过程中也体现出学科的思维和方法,渗透着学生完成任务的情感、态度和价值观。学习任务作为新的教学内容的载体,超越了习题、学习活动等内容载体形式,所承载的目标是整体的。换言之,只有任务才能承载素养的培育,所以每一条目标都应按照三维整合的方式加以叙写。

二、组织学习内容

跨学科主题学习通常会借助大任务、大概念或大问题作为组织中心凝聚不同学科的核心概念和技能。比如,有些主题是让学生执行任务,也就是通过做一件事情磨炼学生应具备的素养,特别是运用GRASPS(目标、角色、对象、情境、产品、标准)模型所建构的表现性任务。概念性的主题以大概念作为组织中心,超越话题性的主题,有助于使多学科的单元向跨学科单元跃迁。以"社会的传播媒介"为例,许多学科都会论及"社会传播媒介",但一旦有"影响力"这个概念,不同学科围绕"传媒的社会影响力"展开研究则会使分散的认识有所聚焦。大问题不同于课堂中细碎的提问,它实际上包含内容(content)、背景(context)、任务(task)和表征方式(presentation)等基本要素。[①] 比如,"怎样通过文创产品的设计来改善社区的可持续发展状况"这一问题,具体到一个老龄化社区,学生们试图通过运用美术学科的摄影和摄像技术、语文学科的设计解说字幕以及通用技术中的视频剪辑技术制作一个APP,教会老年人如何使用微信。

无论是何种类型的组织中心,跨学科主题学习的内容组织通常是由统领性任务(核心任务)和子任务架构而成的。统领性任务意味着一个跨学科主题学习结束后学生们需要交付什么,有可能是一种静态的作品,也有可能是一种动态的表现。但不论何种形式,统领性任

---

① 高恩静,阿曼达·S.卡雷恩,马努·卡普尔.真实问题解决与21世纪学习[M].杨向东,徐瑜函,鲍孟颖,译.长沙:湖南教育出版社,2020:48—49.

务具有高阶性、共享性、真实性和生产性等特征。以统领性任务为指向,跨学科主题学习超越了传统上把知识的掌握、应用和创造作为相继发生的阶段而产生的线性关系的认识,而是将知识学习嵌入问题解决或任务执行的过程中,使之具有了意义背景。在教学认识论上,它超越了传统上"学以致用"的思路,体现为"用以致学"的新的教学认识论[①],这一思路升华了知识学习的价值,体现出由知识到素养的必由之路。

在子任务的设计上,要正确处理子任务与学科之间的对应关系。要保证跨学科主题学习的深度,某些子任务的确会向下扎根,只在某个学科上深入下去,但要避免把学科与任务做一一对应,如果这个任务是数学的,下个任务是语文的,再下个任务是美术的,相信很多人会问这个主题到底跨在哪里呢?所以说可能存在某个子任务与某个学科对应的情况,但一定会有需要依靠两门或两门以上学科才能完成子任务的情况。从学生探究的角度讲,这是一个自然而然的过程,但教师要从"情境—设问—解答"的跨学科性角度考虑,对一个跨学科情境而言,必然存在分学科的设问和跨学科的设问,以及分学科的解答和跨学科的解答,但要避免只呈现分学科的设问,从而陷入传统的多学科学习的窠臼。

在统领性任务和子任务搭建的大框架中,有的教师反映在实践中又面临新的问题:任务推进似乎是顺畅的,但又觉得核心概念和技能掌握不够。这种情况启示我们,需要思考主干学科和关联学科的核心概念和技能是怎样嵌入和渗透在任务中的。以历史课程标准为例,每个历史跨学科主题学习都展现了相应的知识图谱,这一点值得借鉴。教师要有意识地引导学生通过资料搜集了解所涉及学科的核心知识,并磨炼关键技能,从而有深度、有质量地完成任务要求,避免对任务的处理只停留于学生经验的层面。

三、展开学习过程

跨学科主题学习过程的展开通常有两种模式。第一种是高度结构化的逆向教学模式(见图 3-1)。也就是说在跨学科主题学习中学习任务明确,评价量规清晰,学生要学习什么以及怎样才算学得好都有较为清晰的规定。在具体的教与学展开过程中,如果按照学生在学习中可能扮演的研究者、表现者、志愿者、制作者和合作者等角色模型,可能会存在调查研究型、综合表达型、社会参与型、策划实践型、合作交流型等不同的活动类型(见图 3-2)。每一种类型的具体展开步骤会有差异,教师需要针对不同的活动类型,提供学习材料、工具支持、支架支持等多样化的学习支持,并激励学习社群在相互协作中推进跨学科的任务解决。同时通过收集学生学习的过程数据改进教与学的设计。

相对于第一种高度结构化的教学模式,第二种模式更具生成性,该模式通常体现为如下过程:第一,选择话题。基于跨学科主题,师生共同选择相关话题,例如"纸飞机如何飞得更

---

① 张良,罗生全.论"用以致学":指向素养发展的教学认识论[J].华东师范大学学报(教育科学版),2021(2):40—49.

| | 明确目标 | 评价设计 | 教与学实施 | 反思改进 |

期望达到的目标：
➢ 实践创新
➢ 学会学习
➢ 责任担当
……

评价任务设计：
➢ GRASPS模型
评价量规设计：
➢ 评价准则
➢ 等级标准
➢ 具体说明

学习方式：
➢ 调查研究型/综合表达型/社会参与型/策划实践型/合作交流型
教学方式：
➢ 提供学习支持
➢ 收集基于学习过程的评价数据

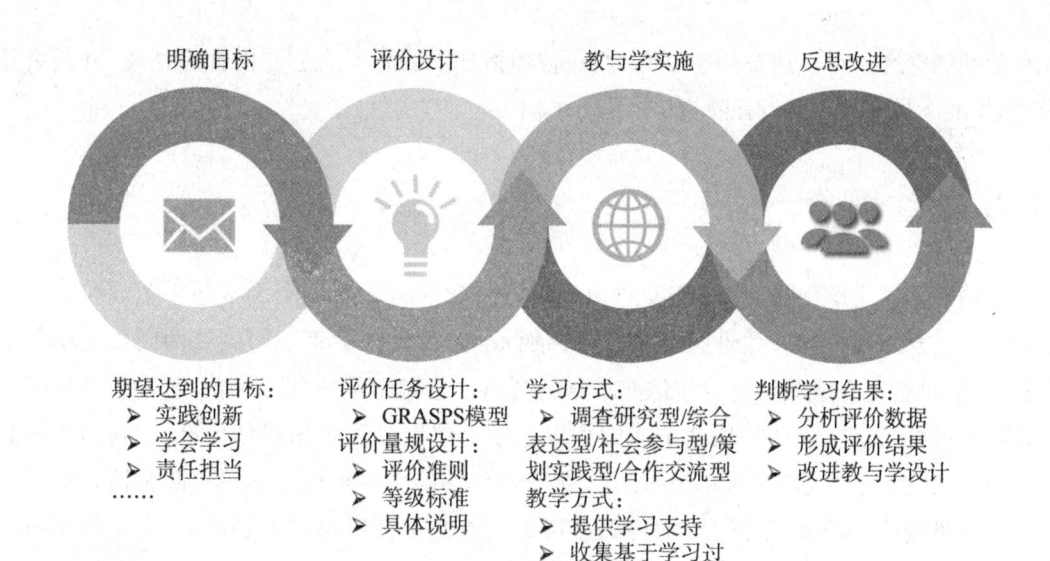

判断学习结果：
➢ 分析评价数据
➢ 形成评价结果
➢ 改进教与学设计

图3-1 跨学科主题学习的逆向教学模式

学习方式	调查研究型	综合表达型	社会参与型	策划实践型	合作交流型
角色模型	研究者	表现者	志愿者	制作者	合作者
自我修炼	发现真理	肯定自我	承担责任	改善社会	构筑人际关系
设计模型 步骤1	接触客体	作品鉴赏	会面	明确理想与期望	结识交流对象
步骤2	制定计划	决定表现题材	问题分析	设定问题	共同制定交流计划
步骤3	展开调查	收集相关信息	信息收集	收集信息	收集与交换信息
步骤4	交流实践	编制剧本	活动的选择与计划	策划立案	制作与共享作品
步骤5	制作作品	制作作品	志愿服务活动的准备	准备与通告	交流见解
步骤6	相互沟通	上演作品	志愿服务活动的实施	实践与运作	共同评价成果
步骤7	自我评价	评价作品	自我评价	项目评价	网络的发展

图3-2 基于学生角色模型的跨学科学习活动类型

远"。第二，头脑风暴。确定话题以后，师生开展头脑风暴，从各学科视角出发提出与话题相关的问题、观点或关键词，比如纸飞机材质的选择；飞机机头与机身、翅膀与机身的比例；投掷的角度；空气阻力的控制，等等。第三，创设问题与任务。教师梳理与归纳所提出的与主题相关的观点与关键词，按照一定逻辑创设问题，设计学习任务，明确学习活动。仍以"纸飞机如何飞得更远"为例，教师通过梳理与归纳，引导学生围绕纸飞机的质量、纸飞机的形状以及纸飞机的飞行环境等主题展开学习活动。第四，合作探究。师生在课堂上共同参与对任务与活动的探究。在上述案例中,学生们在教师指导下展开三个主题的探究活动,并最终完成"制作纸飞机并参与飞行比赛"的学习任务。

四、实施学习评价

评估跨学科主题学习,首先需要意识到其评估标准的确立不同于学科学习评价。不仅是考虑其与学习目标的一致性,更要关注评估标准是否反映了基于两门或两门以上学科的学科基础,是否富有成效地整合了这些学科的观点。相对于学科学习评价,跨学科主题学习的评价标准的确立要求教师从两个或两个以上学科中选择和应用评估标准,并在跨学科整体学习的大背景下考虑这些标准的应用。由于学生的跨学科理解通常包含四个核心范畴[1]:目标的清晰程度、学科的基础、对学科观点富有成效的整合以及深思熟虑,每个范畴都可以用下列问题的形式进行学生评价:该主题需要采用跨学科方法的目标是否明确?该主题是否坚实地基于两个或两个以上学科的目标和评估标准?该主题是否富有成效地整合了这些学科?该学生是否针对自己的跨学科主题学习进行了反思?跨学科主题学习在开展学习评价时要注意将上述评价内容渗透于评价过程。

就评价方式而言,学习评价通常由过程性评价和结果性评价构成。过程性评价的实施要点如下:第一,关注评价与目标的一致性。过程性评价的方式多种多样,如学生成长记录、检核表、研讨交流和撰写活动小结等,但不论是哪种形式,都要有意识地关注其与目标之间的一致性。可以借助韦伯(Webb, N. L.)所提出的分析框架,从内容类别的一致性、深度的一致性、广度的一致性和表征的平衡性角度[2],提升过程性评价的指向性。第二,借助信息技术开展过程性评价。在大班额的教学实景中,教师可以借助 UMU 这类公共的课程建设平台,设置讨论活动、成果展示、问卷调查等不同类别的学习小结,通过生成二维码,收集学生的学习信息,在评价的基础上推进后续学习活动的开展。第三,强化自我反思性的评价,通过使用 KWH(Know-What-How)表或者 PMIQ(Plus-Minus-Interest-Questions)表等元认知支架,促进学生的自我反思。第四,关注过程中有效失败(Productive Failure)的价值[3]。如图 3-3 所示,在四种行为类型中,有效失败与无效成功相对,重要的不是学生在短期学习表现中的表面成功,更应从长期效果的角度考查其是否有助于促进学生的长远发展。

结果性评价就是与统领性任务所对应的评价量规的设计。评价量规的设计由评价准则(指标)、等级水平和每一等级的具体说明构成。评价准则(指标)是判断学生回应、产品和表

---

[1] Boix-Mansilla, V. *MYP guide to interdisciplinary teaching and learning* [M]. Cardiff: International Baccalaureate, 2010:12.

[2] Webb N L. *Criteria for alignment of expectations and assessments in mathematics and science education*. (Research Monograph No.6) [M]. Washington, DC: Council of Chief State School Officers, 1997:14-23.

[3] Kapur, M. Productive Failure in Mathematical Problem Solving [J]. *Instructional Science*, 2010,38(6):523-550.

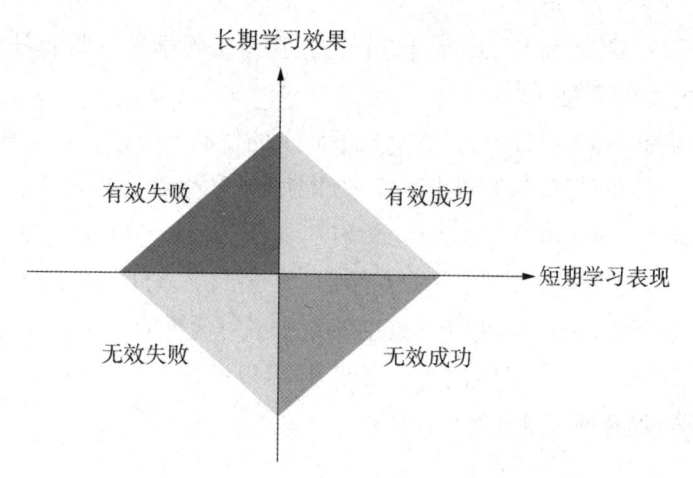

图 3-3 跨学科主题学习中的四种行为类型

现的指南、规则或原则。一般而言,评价准则的确立一方面要考虑与学习目标在内容类别上的一致性;另一方面需要将内隐的素养转化为显性化的典型表现,以便在给出每一等级的具体说明时有所依循。比如,以创造力的测评为例,国际经合组织(OECD)教育研究和创新中心将创造力的发挥依托于探询、想象、行动和反思的子维度技能,建构了创造力表现的可视化维度。通过这些可观察的维度,可以将学生内隐的创造力转化为外显的可观察的行为维度,从而使指向跨学科素养的教学在实际的课堂中有所依托。

表 3-2 OECD 创造力维度及其关注点(通用领域)[1]

创造力维度	创造力关注点
探询(Inquiry)	● 感知、共情、观察、描述相关经验、知识和信息 ● 与其他概念、想法建立联系,整合其他学科观点
想象(Imagining)	● 探索、寻求和产生想法 ● 尝试不寻常的、冒险的或大胆的想法
行动(Doing)	● 以新颖的(对个人而言)方式,进行艺术表演、作品制作、模型开发、解决方案设计
反思(Reflecting)	● 反思和评估所选解决方案的新颖性及其可能的后果 ● 反思和评估所选解决方案的相关性及其可能的后果

如前所述,相对于学科学习的评价维度,跨学科主题学习的学习评价还要关注评估标准是否反映了基于两门或两门以上学科的学科基础,是否富有成效地整合了这些学科的观点,即是说学生在任务完成或解决问题中是否呈现出跨学科的知识结构或跨学科的思维与方

---

[1] OECD. Fostering Students' Creativity and Critical Thinking: What It Means in School [EB/OL]. (2019-10-24) [2019-12-18]. https://doi.org/10.1787/62212c37-en.

法,"跨"向其他学科的广度、深度、难度是怎样的。这将是跨学科主题学习在制定学习评价的准则时需要考虑的维度之一。

就等级水平的确立而言,教师可以通过自下而上的作品分类建构评价量规,避免自说自话,形式上看是一个评价量规,但等级水平并未恰当反映学生真实的表现水平。第二种思路是自上而下的做法,通过运用比格斯的 SOLO (Structure of the Observed Learning Outcomes)分类[1],确定学生的表现水平是前结构、单一结构、多元结构、关联结构到拓展结构中的哪几个对应的结构水平,而后基于不同的等级水平对学生的表现情况进行描述,从而生成评价量规中每一等级水平的具体说明。当然,也可以通过将自下而上的建构和自上而下的检核相结合,不断提升评价量规的设计质量。

第二节 跨学科主题学习的实施策略

依据跨学科主题学习的内涵与定位,跨学科主题学习的实施因应素养时代的课程发展趋势,在学习目标、学习内容、学习过程、学习评价等落实方面充分体现素养培育的诉求。

一、促进学科素养与跨学科素养的交融

学习目标明确学生预期的学习结果,是跨学科主题学习的灵魂,指引与规约着具体的学习内容与学习过程,同时是学习评价的依据。跨学科主题学习的实施不仅要落实所涉及学科的核心素养,同时也应渗透跨学科素养,实现二者的交融互促。跨学科素养超越特定领域,通常指向高阶认知、个人成长与社会性发展。"沟通与合作、信息素养、创造性与问题解决、自我认识与自我调控、批判性思维、学会学习与终身学习、公民责任与社会参与"是国际社会广泛倡导和重视的跨学科素养[2],教师需要用跨学科素养作为整合学科素养的通道。德雷克和伯恩斯提出类似三维目标的跨学科学习"知/行/为"(Know/Do/Be)桥梁。"知"包含"事实""主题""概念"和"经得起考验的个人观点"四个层次;"行"包含"低层次技能""学科技能"和"复合型跨学科成就技能"三个层级;"为"是教育者可以根据教育观所确定的受教育者最重要的品质和态度,具体包括态度、信仰和行为等。[3]"知/行/为"学习桥表明跨学科主题学习要体现对学生学习的整体性要求,不仅是各学科的核心概念与技能,与主题相关的跨学

---

[1] Biggs, J. B. & Collis, K. F. *Evaluating the quality of learning: The SOLO taxonomy (structure of the observed learning outcome)* [M]. New York, NY: Academic Press, 1982:106—117.

[2] 刘坚,魏锐,郑琰,等.5C核心素养:教育创新指南针[M].北京:教育科学出版社,2021:27.

[3] Susan M. Drake, Rebecca C. Burns.综合课程的开发[M].廖珊,黄晶慧,潘雯,译.北京:中国轻工业出版社,2007:33—53.

科概念和跨学科技能也应在跨学科学习中得到应用。同时跨学科主题学习的实施要挖掘主题所内含并期待培养的学生的情感、态度和价值观,体现学生对世界的关怀与责任。

在明确学科素养和跨学科素养的来源后,跨学科主题学习目标的确立还需要经历如下分析过程:首先,需要进一步明确所涉及学科的核心大概念以及学业质量标准的要求,以确立目标叙写的范围与水平。其次,按照跨学科主题学习的任务序列定位具体的目标序列,避免按照所涉及的学科对学习目标做分学科的表述。再次,在具体的表述上,为凸显任务序列所展现的学生素养,每一条目标都期望以知识与技能、过程与方法和情感态度价值观三维整合的方式予以表述,以凸显素养型目标的特征。

二、以内蕴大观念的大任务为载体

各科课程标准在跨学科主题学习的设置上有所差异。有的学科采取独立设置的方式,制定跨学科主题学习的具体主题;有的学科采取内容延伸的做法,将跨学科主题学习的主题设置与学科内容模块相联,使其作为内容模块的整合与延伸方向;还有的学科采取全面渗透的方式,特别是课程方案中的一些综合课程,课程内容主题体现并渗透跨学科观念。

在实施时,教师要有意识地转化主题类型,以内蕴大观念的大任务为载体,明确学生跨学科学习的主题。相对于练习或学习活动这些传统的内容载体,有效执行任务或创造某个复杂产品是个体展现知识和专业能力的方式。大任务能够嵌套多个学科的核心概念与技能,内蕴学生的思维方式和行为方式(大观念),并能体现学生的成就感和学习的社会价值。大任务反映了跨学科主题类型的实质。大观念是整个跨学科主题需要确立的一个观点,它渗透于大任务中起到统摄作用。作为不同学科领域、不同学段学科核心概念的综合、连接与再抽象,大观念有助于学生超越学科间的壁垒,建立学科间的联系,认识生活世界的复杂与完整[1]。以"社会的传播媒介"这一话题性主题为例,其可能涉及科学的传媒技术、文学的传媒书籍与文章、美术与音乐的传媒类型、政治科学的传媒管理法则等多学科的知识,但只有紧紧抓住"影响力"这一核心观念,各个学科围绕"传媒的社会影响力"这一概念性主题展开探究,该主题才可能真正成为更具整合性的跨学科学习主题。由话题性主题到概念性主题的转变代表着教学由"协同的、多学科"的单元向"整合的、跨学科"单元的跃迁[2]。

正确处理任务和学科知识与技能的关系,避免"为跨而跨"是跨学科主题学习建构学习内容的关键。为此跨学科主题学习需要超越对知识的"点"状式理解,从更高层级的"网"状式角度思考不同学科知识在真实情境下的作用。而如何建立起不同学科关键知识与技能之间的关联,则需要以任务为载体,借助"课程地图"这类实操性的工具完成学习内容的组织过

---

[1] 吕立杰.大概念课程设计的内涵与实施[J].教育研究,2020(10):53—61.
[2] 琳恩·艾瑞克森,洛薏斯·兰宁,瑞秋·法兰奇.创造思考的教室:概念为本的课程与教学[M].刘恒昌,译.台北:心理出版社,2018:113—119.

程。课程地图虽然有概念图、树状图、雷达图等不同的样态,借鉴雅各布斯在开发综合课程初期所用的课程地图的格式[①],跨学科主题学习中的课程地图主要呈现为一个轴反映所涉及的学科门类,另一个轴反映各学科相关内容与技能的矩阵式地图样式。它展现了整个主题学习的内容以及它们的关系,有助于推动跨学科主题学习内容的结构化和体系化。同时对学生是否已经学过相关内容与技能的考量,还将引导教师在跨学科主题学习实施中提供学习支持的方式。课程地图的绘制主体是整个跨学科教师团队,因而借助该工具,教师将跨学科主题学习的内容建构投入到对话机制中,也有助于开展跨学科的教师研修活动,并构建更加融洽的团队文化。

三、实现任务下的学习活动与多样化学习支持的协同

在以学习任务为推进线索的跨学科主题学习过程中,每一任务的完成都是由一系列具体的学习活动组成的。不仅包括学生个体的学习活动,也包括学生合作的学习活动,但无论是个体的还是合作的,其开展都需要教师通过学习环境的创设,提供与学生活动需求相匹配的多样化学习支持。具体包括境脉、工具、资源和脚手架等支持类型,同时这些也是以学习为中心的学习环境的基本构件[②]。基于此,在跨学科主题学习过程中教师的教学就被概念化为如下行动:第一,设计能够引导和导向学生学习的全部问题和任务性质的境脉支持,这种境脉设定了学习活动所发生的场景、所指向的不良问题及其具体的概念操作,是一个连续的统一体。第二,提供用于表征、组织、操作或者建构理解的学习工具与技术,比如活动链、时间表、施工图等过程管理工具;信息查询、收集、组织、整合和反思等信息处理工具;促进社会交互和对话的交流工具等。第三,提供与学习主题相关的静态信息资源和社会化建构的动态发展资源,包括文本素材、实验材料、视频资料以及网络站点资源等。第四,提供促进学生意义建构、过程管理、表达和反思的脚手架,包括对与问题相关的概念进行概念指导的概念支架,对如何反思、规划和监控进行元认知指导的元认知支架,对如何对活动进程进行过程指导的过程支架以及对如何处理任务或改善策略进行策略指导的策略支架等[③]。

学习过程的展开期待教师的学习支持与学生学习活动的有效协同。无论是学习支持的类型、提供的契机还是落地的过程,都需要与学生学习活动中的需求相匹配,以满足学习活动的主体、客体、工具、共同体、劳动分工和活动规则等要素的具体需求,从而保证学习活动的有效开展。过程中的学习支持需要教师有意识地关注学生的活动表现,区分活动中的"有

---

① 海迪海斯雅各布斯. 课程地图:展现实践成果与省思[M]. 卢美贵,等,译. 台北:心理出版社,2008:19.
② 戴维·H·乔纳森,苏珊·M·兰德. 学习环境的理论基础[M]. 徐世猛,李洁,周小勇,译. 上海:华东师范大学出版社,2002:14—15.
③ 同上。

效失败"和"无效成功"①,既关注前者所反映的学生虽然在短期表现上有瑕疵,但所思所做对其未来却能起到推动意义的失败情形,又要注意避免学生短期学习表现良好但却无助于其未来发展的成功表象。学习支持的多样化、针对性以及与学习活动的匹配性是保障高品质跨学科主题学习过程的关键。

四、超越"教—学—评"一致性的评价原则

学习是学生建设性活动的结果,课堂上只有开展有助于理解教学目标的活动,教学才能有效。这一观点在威金斯(Wiggins, G.)和麦克泰格(MacTighe, J.)的"逆向教学设计"理论中得到进一步强化②。通过确定学习目标开展整体教学规划,将评价任务前置,通过评价任务驱动学生主动学习与探究,从而达成学习目标。伴随"逆向设计"成为课程开发过程的黄金标准,"教—学—评"一致性原则也成为教学设计所应遵循的基本原则。跨学科主题学习的设计亦不例外,但跨学科主题学习在实施中需要超越这一基本原则,反映其培养学生成为自主学习者的生成性价值。遵循"教—学—评"一致性原则意味着学生的学习从理解目标开始,学习历程由教师绘制,并由学习者和教师共同引导,它有助于学生获得经典的专业知识,从而非常深入地了解某个主题和领域。而跨学科主题学习在实施中超越"教—学—评"的一致性原则,意味着学习者在自身能力的边缘工作,通过参与渐进式的问题解决过程,不断将失败或错误视为迈向成功的步骤,践行不断发展和可修改的学习路径。哈佛大学的蒂娜·A·格罗泽(Tina A. Grotzer)教授曾将这类创新教学法称为"活化课程",其核心是从新手的角度进行课程的"前置设计",致力于引导和寻找学习资源的支持,其本质是学习者正在学习如何学习,而非正在朝向预定目标学习③。换言之,跨学科主题学习中的现象阐释、任务执行与问题解决侧重的是培养学生在特定情境中的适应性专长,而不仅仅是传统的经典专业知识。适应性专长需要学习者知道如何深入了解某个领域,而不只是深入了解某个主题和领域。

跨学科主题学习聚焦"学习如何学习"这一学习类型,更加主动地调整环境刺激并提出问题,合理部署自身的注意力,寻找并管理周围的资源,制定解决新问题的学习路径和策略空间,在面对困难和挫折时持续推动学习进程,这些都是发展适应性专业知识的重要组成部分。面对更加具有自我导向性的学习需求,"教—学—评"一致性的学习评价显然与之相悖。新的学习评价需要超越预定的目标与评价标准,在兼顾学校、教师设定的目标基础上,关注

---

① Kapur, M. Productive Failure in Mathematical Problem Solving [J]. Instructional Science, 2010, 38(6):523-550.
② 格兰特·威金斯,杰伊·麦克泰格.追求理解的教学设计[M].闫寒冰,宋雪莲,赖平,译.上海:华东师范大学出版社,2017.
③ Grotzer, T. A. Innovative Pedagogies: How On-Line Learning Underscores the Importance of Developing Self-Directed Learners [C]//上海:第18届上海国际课程论坛,2020-11-07.

学习者个人设定的目标,通过学习者自身的学习监控,自我修正与调整,超越预定的评价标准,追求自我的卓越性标准,从而达成学习活动的内在的"善",锻造师生的"慧眼"[1]。在此过程中,不仅使学生成为适应现实世界的终身学习者、自我导向的学习者、以自我创作的方式学习的学习者,教师亦成为帮助学生实现这一目标的促进者。

---

[1] 钟启泉. 教学心理十讲[M]. 上海:华东师范大学出版社,2020:142.

第四章 跨学科主题学习设计的"教—学—评"一致性

跨学科主题学习围绕同一主题将不同学科聚合在一起,强调透过不同学科的视角来审视一个重要的主题、问题或议题,从而打破学科边界,实现不同学科之间的互动与对话。相较于学科学习,跨学科主题学习更具整合性与实践性,也正因此,其"教—学—评"三环节的设计均比较复杂。其目标设计需要坚持素养取向且具备统领功能;任务要求关联各学科内容,情境真实且逐步开放;评价需要与学习目标以及学习活动对应,考虑学生的综合学习成效。跨学科主题学习能否真正发挥其培养学生核心素养的作用首先需要确保设计的科学性,即需要关注目标设计是否合理、学习任务是否承载了目标中关联的学科以及跨学科内容、通过经历完整的解决问题的过程学生是否达到了既定的素养发展水平。"教—学—评"一致性是落实"基于标准"的教学的有效策略,其影响着跨学科主题学习设计的科学性与指导性,是衡量跨学科学习能否真正突破传统学科桎梏、有效回应学生核心素养的发展要求、发挥深度育人价值的重要标准。

为引导区域教师全面梳理自身关于跨学科主题学习设计与实施的典型案例,反映教师在课堂变革与教学转型中的最新成果,提升教师的教育教学研究能力、教学设计与实施能力,由上海市杨浦区教育学院中学教研室、五育并举的课程建设项目组举办了跨学科主题学习设计与实施案例征集评选活动。此次案例来源覆盖的课程门类广泛,涵盖小初高整个基础教育阶段,为研究者收集丰富且高质量的数据资料提供了条件。本研究以上海市杨浦区"双新"背景下跨学科主题学习设计与实施案例征集评选活动中的参赛案例为研究对象,以每份跨学科主题学习设计作为分析单位,分别对方案中的学习目标、学习任务以及学习评价进行编码,根据对韦伯一致性模型进行创生建立的跨学科主题学习设计的分析框架,对教与学、学与评以及教与评三个环节在种类、深度、广度以及平衡性四个维度上的一致性情况展开定量统计与定性描述,在此基础上得出结论并尝试提供优化路径。

第一节 一致性的分析框架

一、韦伯一致性分析模型

韦伯认为,我们可以从知识类别、知识深度、知识广度以及知识分布一致性这四个维度来判断学业测试与课程标准的一致性。[1] 知识类别一致性评估主要关注学业评价项目所覆盖的学习内容与课程标准所规定的主题和内容的匹配程度;知识深度是指知识标准和评估要求的深度或复杂性的程度,即评价任务是否准确评估了课程标准中期望学生掌握的具体知识和技能的认知发展水平。知识深度模型(Depth Of Knowledge)包括四个认知水平:回忆、运用概念性知识或技能、策略性思维、拓展性思维,从问题复杂程度、解决问题所需要的步骤以及问题的难易程度等方面加以区别,[2] 为深度一致性分析提供了科学参照。知识广度一致性关注课程标准与评价内容在概念和观点的覆盖范围上是否匹配,这一维度补充了知识种类一致性的局限。种类可能只集中于评估课程标准中指定领域的特定知识点的内容类别,而广度一致性的核心在于确保评价不是关注某个独立主题领域内的知识点,而是全面覆盖课程标准中涉及的内容领域范围以及定义的关键概念和理论观点,从而实现对学生全面学习成果的准确评估。知识分布一致性,亦称为表征的均衡性,涉及通过分析评估项目在特定目标中的分布情况,来研究评估对这些特定目标的关注程度是否与课程标准中对这些目标的关注程度相匹配,主要是评估项目在课程标准所设定的各项具体目标中的分布是否均衡。[3]

除韦伯一致性模型外,目前较为成熟的一致性分析工具还有 Achieve 一致性分析模型与 SEC 一致性分析模型。比较而言,Achieve 一致性分析模型参考了韦伯提出的四个核心指标并引入了第五个指标——挑战性。这一模型更为综合,但是缺乏客观的临界指标,因而易受评估者主观因素影响。SEC 一致性分析模型特别强调将知识的广度与深度作为一致性分析的主要维度,并通过构建矩阵和比率矩阵来进行一致性指数计算。其优势在于公式明了、简单易用,但其评价维度相对较少。相较而言,韦伯模型不仅涵盖了知识种类、知识深度、知识广度以及知识分布一致性这四个核心维度,而且有明确的评估标准,尤其是韦伯的 DOK 模型也详细说明了认知层级的划分,使得其在应用过程中具有较强的指导性和实用性。这种

---

[1] Webb N L. *Alignment of Science and Mathematics Standard* [M]. Washington, DC: National Institute for Science Education, 1999:11-18.
[2] Webb N L. *Criteria for alignment of expectations and assessments in mathematics and science education.* (Research Monograph No.6) [M]. Washington, DC: Council of Chief State School Oficers, 1997:15-17.
[3] 徐瑰瑰.论教—学—评一致性[D].上海:华东师范大学,2015:25—27.

综合性的分析框架可以为复杂的跨学科主题学习设计的一致性分析提供更准确具体的分析结果,故而选择韦伯模型为最终的一致性分析工具。

二、德雷克"学习桥"理论

韦伯模型为本研究确定了具体分析维度和标准,但其主要测量"知识",跨学科主题学习具备素养取向的明显特征,所以从素养的角度出发去定义学习的种类、深度与广度是需要对该模型进行创生的重点。

当今核心素养是统整的知识、能力与态度,跨学科主题学习的目标设定不仅要关注知识技能与学科素养,更要关注跨学科素养的融入。具体内容可以根据德雷克的"知—行—为"学习桥理论进行呈现(如图 4-1)。"知"包括相应信息资料和事实、主题、跨学科理念和科学的个人观点、富有内涵的概要;"行"包括低层次的技能、学科技能和跨学科技能以及在此基础上形成的高阶思维;"为"涉及基础性价值观、正确的态度、适切的行为、高尚动机和品格[①]。与传统的知识与技能、过程与方法、情感态度与价值观三维目标相比,"知—行—为"学习桥关注到了知识、技能、态度和价值观的综合体现,不同层面学习的进阶关系也更为明显,因此这一模型在对跨学科主题学习设计的分析中具有独特的优势。

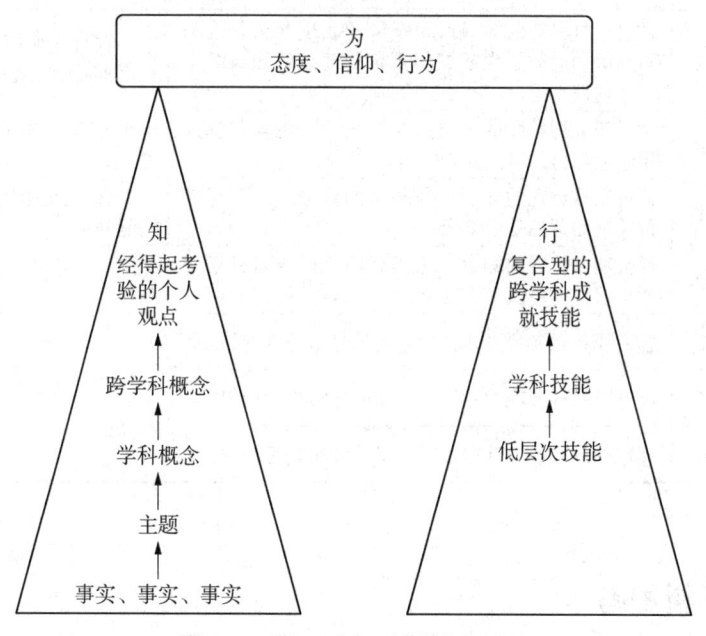

图 4-1 "知—行—为"学习桥理论

---

① 洪俊,刘徽.跨学科统整:国家课程的校本化实施[M].上海:华东师范大学出版社,2020:50.

三、一致性分析框架

本研究综合韦伯模型的四个维度与德雷克"学习桥"理论的"知—行—为"三领域的内容,构建了基于一致性的分析框架,表4-1呈现了分析要素与具体说明以及各维度的一致性可接受标准。

表 4-1 跨学科主题学习设计的"教—学—评"一致性分析框架

分析维度	分析要素	具体说明	可接受标准
种类	教—学	学习任务群关联的知、行、为领域的内容类别与目标中所设定的内容类别是否一致。	至少50%的学习任务击中目标。
	学—评	评价项目检验的知、行、为领域的内容类别与学习任务群中所关联的内容类别是否一致。	至少50%的评价项目击中学习任务。
	评—教	评价项目检验的知、行、为领域的内容类别与目标中所设定的内容类别是否一致。	至少50%的评价项目击中目标。
深度	教—学	完成学习任务群需要的知、行、为领域的表现复杂程度与目标所期望的学生掌握的复杂程度在认知层级上的一致性水平。	至少有50%的学习任务所要求的认知水平命中或高于目标。
	学—评	评价项目考查的知、行、为领域的表现复杂程度与完成学习任务群需要的表现复杂程度在认知层级上的一致性水平。	至少有50%的评价项目所要求的认知水平命中或高于学习任务。
	评—教	评价项目考查的知、行、为领域的表现复杂程度与目标所期望的学生掌握的复杂程度在认知层级上的一致性水平。	至少有50%的评价项目所要求的认知水平命中或高于目标。
广度	教—学	学习任务群关联的知、行、为领域的范围与目标期望学生习得的范围是否吻合。	至少有50%的目标被学习任务检测到。
	学—评	评价项目体现的知、行、为领域的范围与学习任务群关联的范围是否吻合。	至少有50%的学习任务被评价项目检测到。
	评—教	评价项目体现的知、行、为领域的范围与目标期望学生习得的范围是否吻合。	至少有50%的目标被评价项目检测到。
平衡性	教—学	学习任务在各项具体目标之间的分布是否均匀。	$P = 1 - \dfrac{\sum \left\lvert \dfrac{1}{O} - \dfrac{I_K}{H} \right\rvert}{2}$ 范围0—1,可接受程度为0.6及以上。
	学—评	评价项目在各项学习任务之间的分布是否均匀。	
	评—教	评价项目在各项具体目标之间的分布是否均匀。	

四、一致性分析编码

(一)种类编码

就本研究而言,种类一致性是指跨学科主题学习设计中完成学习任务所需要的素养内容以及评价评估到的素养内容与目标环节所设定的素养内容类别的一致程度。每份教案有 3 个编码表,分别对应学习目标、学习任务/学习活动以及学习评价三个环节。该框架下的目标编码根据德雷克的"知—行—为"学习桥理论分为应知(知)、应会(行)、应成为(为)三领域,共 11 个分类,研究者在文本中对目标内容进行识别并严格按照德雷克对各个维度的解释说明进行内容对应,知/行/为分别编码为 X/Y/Z,并且下设具体维度 X1、X2、Y1、Y2、Z1、Z2……,最终将目标分解为不同领域的具体内容体系。

部分目标分类编码示例如表 4-2 所示。

表 4-2 编码示例

知(X)	事实(X1)	二氧化碳含量增加导致全球变暖。
	学科概念(X3)	理解二氧化碳的性质、作用、制备方法。
	跨学科概念(X4)	认识物质能量的传递、运动与平衡。
行(Y)	学科技能(Y2)	使用小苏打加柠檬酸生成二氧化碳,对反应过程进行改进,创建更适合水生环境的二氧化碳制备方式。
	复合型的跨学科成就技能(Y3)	调动地理、生物、化学和通用技术等相关知识与技能,查阅资料,学以致用,探究设计适合水生环境的二氧化碳制备系统。
为(Z)	态度(Z1)	认同保护生态环境的重要性,提升生态意识,生成人与自然和谐共生的观念。

我们根据德雷克的"知—行—为"学习桥理论及其对各个维度的解释举例,将学习目标中涵盖的具体素养表现进行对应划分之后再对学习任务/学习活动进行编码。跨学科主题学习设计一般由大任务统领小任务,正常情况下是对子任务编码,但有些教案的学习任务表述笼统,其学习活动与其他教案的学习任务相似,这种情况便对其学习活动进行编码。学习任务的码号为 Q1、Q2、Q3……编码结束后观察完成各个任务所必需的学科以及跨学科的相关内容,将目标的码号 X1、X2、X3……依次填入列表中。

最后是对学习评价进行编码,编码分为以下几种情况:(1)评价任务等于学习任务,即直接对学习任务编码。(2)具备设计全面的评价量规,即对评价维度进行编码。(3)设计中具有多样化的评价工具,例如小组观察记录单、头脑风暴过程记录、调研表等,这种情况则对评价工具进行编码:P1、P2、P3……对评价编完码号之后,分别观察 P1、P2、P3……检测到了哪一条或哪几条学习目标以及可以检测到哪一个或哪几个学习任务,分别将其对应码号列入表格的对应维度。

基于此,本研究在明确目标涉及的具体内容种类的基础上,统计完成各个学习任务与评价所涵盖的素养类别,分析其与目标中素养内容类别的匹配情况并呈现相关结果。另外,本研究对于种类一致性的可接受标准也做了相应调整。韦伯的一致性分析模型中种类的一致性可接受标准为 6,但由于韦伯模型一般用于检测试题与学业质量标准之间的一致性,试题本身具备一定体量,本研究关注跨学科主题学习设计中的"目标—任务—评价"的内在一致性,任务或评价设计的本身基数较小,所以本研究对该维度的可接受指标做了修改,参考广度与深度的可接受标准,本研究以 50%作为参照,即击中知、行、为某一类别具体目标的任务/评价项目数量占该份学习设计任务/评价项目总数的比重达到 50%就可认为其符合一致性要求,反之不认同。

(二) 深度编码

本研究中的深度指标是指学习任务以及评价涉及的素养内容是否与对应的目标在认知水平上相吻合。学习任务/评价项目中有 50%及以上的内容与目标中对应内容的认知水平一致则符合深度一致性的可接受标准,反之不认同。该维度需明确目标、学习任务、评价项目本身对应的认知水平层级。

本研究参照韦伯的 DOK 模型与布鲁姆的目标分类理论对认知深度进行编码。韦伯定义的深度层级包括回忆/复述、技能/概念、策略性思维、拓展性思维,[1]布鲁姆则将认知思维目标层次由低到高划分为记忆—理解—应用—分析—评价—创新,其对每一层级的认知水平都有具象描述与相关词示例。以上两种模型都强调学生思维发展的进阶性,并且突出了"学习任务"作为学生认知水平发展的载体的重要性,这与跨学科主题学习的理念相契合,也是本研究进行深度编码的理论依据。由于布鲁姆的目标分类更加具体且便于操作,应用于学习设计编码更具优势,故而本研究将二者相对应。根据韦伯与布鲁姆对每一认知层级的解释描述,将布鲁姆的目标分类纳入韦伯知识深度层级中,即 DOK 的回忆复述对应布鲁姆目标分类中的记忆类别;DOK 的技能概念对应目标分类的领会、应用两个次类别;DOK 的策略性思维对应布鲁姆提出的分析、评鉴两个次类别;DOK 的扩展性思维则对应目标分类的创造类别。然后研究者进一步聚焦文本中涉及学习过程的动词并将其纳入相应的深度层级,为深度编码提供参考依据,如表 4-3 所示,从记忆到创造分别编码为 D—A。

表 4-3 认知层级对应行为动词的划分

主类别	次类别	定义	相关词	案例中使用的行为动词	码号
素养深度	回忆复述	记忆	从长时记忆系统中提取相关信息,如事实、定义、术语或简单过程,以及执行简单算法或应用公式。	再认、确认(识别)、回忆(追忆)	了解、知道、知晓	D
	技能概念	领会	从口头、书面和书画传播的	诠释(澄清、释义、陈述、	理解、认识、感知、按照/根据、感受、记录、	C2

---

[1] 陈艳茹.素养培育视角下跨学科主题学习设计案例研究[D].上海:华东师范大学,2022:43—44.

续　表

主类别	次类别	定义	相关词	案例中使用的行为动词	码号
素养深度		教学信息中建构意义。	翻译）、举例（示例）、分类（归类）、总结（摘要、归纳）、推论（推断、内推、外推、预测）、比较（对照、模比、匹配）、说明（建模）	认识、体验、学习、掌握、参与、倾听、培育、初具、激发、表达、交流、分享、培养、树立	
	应用	在典型的或熟悉的情境中应用已经学习过的技能、概念、关系或观点，通常需要做出解释、决策等。	执行（施行）、实施（运用）	调研、访谈、运用、准备、考查、搜集、使用、检索、协作、测定、实验、利用	C1
	策略性思维 分析	理解材料各部分的意义与关联，以及部分之间如何相互组合形成整体结构或达到目的。在特定任务情境中需要学生进行推理和计划，必须用到复杂的和抽象的思维。	区分（辨别、聚焦、选择）、组织（发现、连贯、提出纲要、整合、剖析、构造）、归征化（结构）	观察、发现、梳理、分析、分类、加工、归纳、提炼、总结、找出、讨论、组织、说明、反思、探讨/研讨、阐述、解释、描述、说明、列举、概括	B2
	评鉴	依据标准或规格作出判断，通常需要提供证据支持以得出结论，并没有唯一答案或方法。	检查、核查（协调、检视、检测、测试）、评论、评判（判断）	判断、选择、评价、修正、赏析、辨析、解读、比较、反馈、认同、辩证看待、改正、验证、推理	B1
	扩展性思维 创造	将要素重新组合形成新的模式或结构以解决问题。研究周期较长，进行复杂的推理、计划、发展和思考，涉及跨学科知识的运用，并将在真实世界的新情境中运用知识。	生成、计划（规划）、产生、创造、形成假设	创建、迭代、发表、设计、合作完成、形成、转变、搭建撰写、创意表现、提出、探索、制定、制作、绘制、优化/表达、汇报、发布、展示、呈现、建立	A

本研究按照这一规则，依次识别三个环节中的行为动词，并将教、学、评三个环节按照教学、学评以及教评两两之间进行深度比对。此外，在进行深度编码时，编码员除了观察动词以外，还要根据动词后的宾语对认知深度进行详细识别，例如在上述编码表格中"完成"这一动词属于创造（A）层级，本研究的案例中有些学习设计"完成"的是展演、调研报告等综合性较强的任务，此时则将其划为 A；有些学习设计"完成"的是数学运算或是一篇阅读，此时虽然动词是"完成"，但由于其任务较简单，创造性较低，所以将其划为领会（C2）或者应用（C1）。同时，在跨学科主题学习设计中每个子任务下还包括具体的学习活动，当学习任务没有明显动词时，我们则根据其下属学习活动中的动词以及上下语境判断该任务所属的认知层级，并采用双人独立编码的方式保证其信度。因此，表格的划分只是提供普遍性的标准，具体仍需要编码员根据学习设计的上下文情境以及其动词关联的宾语进行更为准确的认知深

度判断。

学习目标深度编码示例如表4-4所示。

表4-4 学习目标深度编码示例

学习目标	认知水平
学生连续几周**观察**水中生态，记录**发现**问题	B2（分析）
小组内和组间头脑风暴，**探讨**问题的成因	B2（分析）
思考对策，**撰写**方案，绘制图纸	A（创造）
理解二氧化碳的性质、作用、制备方法	C2（领会）

（三）广度编码

广度一致性是指学习任务群与评价项目关联的概念、知识、技能等范围与目标中的概念、知识、技能范围的一致程度，即完成任务所需的素养内容范围以及评价评估的素养内容范围对目标中涉及的素养内容的覆盖程度。广度与种类的编码方式相同，均以德雷克的"知—行—为"框架进行编码分析。其区别在于种类计算的是击中某类目标的学习任务/评价项目数量，即观察每个目标被多少学习任务/评价项目击中；而广度则计算被学习任务/评价项目击中的目标数量，即观察有多少目标被学习任务/评价项目击中。该指标的可接受程度为至少有50%的目标被学习任务/评价项目击中，否则即为不一致。

（四）表征平衡性编码

本研究中平衡性考查学习任务/评价项目所对应的目标密集程度，即是否存在某些任务/评价同时考查同一目标，或无相关目标被考查的情况，具体来说即统计每一条目标在任务/评价中被表征的频次。此维度需借助平衡性指标 P（Balance index）来判断，其范围为0—1，可接受程度为0.6及其以上，数值越大表明任务/评价分布越为均衡。本维度涉及的指标及相关统计量如下所示：

O 表示任务/评价击中的目标总数

I_K 表示击中某特定目标的任务/评价数

H 表示击中目标的总任务/评价数

$$P = 1 - \frac{\sum \left| \frac{1}{O} - \frac{I_K}{H} \right|}{2}$$

第二节 一致性的分析结论

一、种类一致性一般

经过编码与统计,本研究所有 69 份教案的学习目标设置情况如图 4-2 所示。

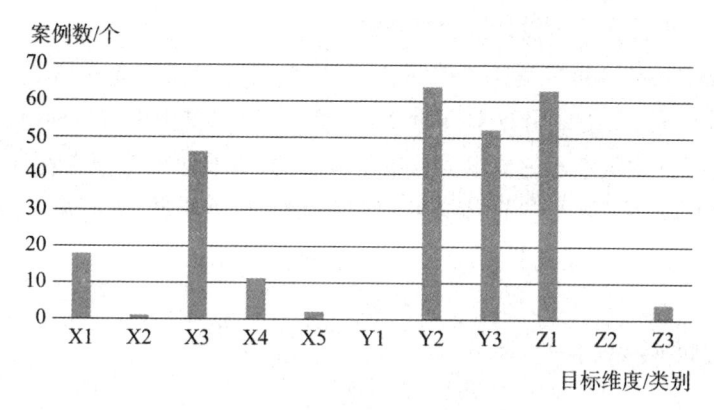

图 4-2 学习目标设置情况图

结果显示,学习目标的设定覆盖了从具体事实到跨学科概念与技能的广泛范围,其中学科技能(Y2)和复合型跨学科成就技能(Y3)的设置数量较为显著,态度(Z1)也得到了高度重视。相比之下,主题(X2)和跨学科概念(X4)以及经得起考验的个人观点(X5)的设置较少。

这一分布反映了教师在进行跨学科主题学习设计时对促进学生综合能力发展方面的重视,特别是在跨学科技能和态度塑造上的侧重。但是大部分学习设计都忽略了大概念以及经得起考验的个人观点的设置。通过强调大概念,学生不再将学科知识看作孤立的单元,能够超越单一学科的知识在学科之间建立更深层次的联系,更全面、深刻地理解知识的内在关联性。这种跨学科的综合性学习方法有助于提高学生对各学科的整体把握能力,建立更为综合的知识结构,更好地应对复杂的问题和挑战。如果较少涉及此,说明整体组织的结构化、综合性以及学生对跨学科主题学习的理解还有待加强。

根据改造后的韦伯一致性模型,本研究对每份案例进行了编码统计并最终统计出了 69 份案例在种类一致性上的整体现状。

首先,学习目标与学习任务的种类一致性尚可,但依然存在跨学科概念(X4)、复合型的跨学科成就技能(Y3)以及信仰(Z2)与行为(Z3)等目标类型没有被足够任务击中的情况。这表明教师在设计任务时,可能存在以下问题:更加关注学科内的知识和技能,对跨学科概念和技能的培养相对不足;学习任务整合程度不够,无法有效承载跨学科的复合型技能;让学生对成功的习惯进行实践的意识较弱。

其次,学习目标与学习评价间的种类一致性水平较差。未被足够评价击中的目标维度包括事实(X1)、跨学科概念(X4)、态度(Z1)以及行为(Z3)四类。从这一角度分析,评价设计存在以下问题:一是评价的跨学科整合不足,没有很好地将不同学科的知识和概念整合在一起,没有侧重对通用素养的考查;二是评价没有强调价值观和态度评估,无法考查学生在学习过程中积极的学习态度和对跨学科主题学习的理解。

最后在对学习任务与学习评价的种类一致性要求进行评估时,我们发现仅有 39.88% 的学习任务符合种类一致性标准,这一比例远低于 50%。这一数据进一步揭示了我们所分析的跨学科主题学习设计在评价设计方面存在的不足。

种类的一致性反映的其实是任务的综合程度,即任务是否综合关联了相关学科内容而不是任务 1 用 A 学科、任务 2 用 B 学科的分割呈现。此外,击中学习目标与任务的评价数量有限是因为学习设计中的学习评价本身总量是有限的,有些案例甚至存在评价缺失的状况,同时跨学科主题学习中的评价设计体现的学科联结也较为松散,其有限的评价任务没有关联足够的学科内容,存在评价与目标/任务一对一的拼盘情况。

二、广度一致性较好

跨学科主题学习设计的广度一致性水平尚可,这说明"教—学—评"中各自所包含的素养内容范围的对应性较好。

首先,学习目标与学习任务之间广度一致性较好说明完成学习任务涵盖了目标中提及的至少 50% 的素养,学生需要调动目标中阐述的大部分的知识、技能与态度经历以完成学习任务。数据显示,跨学科概念的目标与其他目标相比被学习任务击中的数量相对较少,即学习任务对于跨学科概念的体现或者应用较少,即便是目标中提到类似要求,但在学习任务中难以承载,所以跨学科概念目标与任务的广度一致性有待提升。

其次,学习目标与学习评价之间广度一致性较好说明学习目标中提及的至少 50% 的素养在学习评价中得到了检测与评估。研究得知大部分维度的目标与评价的广度一致性都达到了符合水平,但是研究发现仍存在行为(Z3)这一类型目标与评价的广度一致性明显较低的现象,这说明教师在进行跨学科主题学习的评价设计时可以考虑目标中提到的相关内容,但态度、情感等维度的目标则缺乏有效的评价与之对应。

最后,学习任务与学习评价的广度一致性较好表明学习任务中表现的至少 50% 的素养在学习评价中得到了体现与检测。另外,种类一致性一般则说明教师在设计评价时,虽然考虑了对学习任务完成质量的考查,但是对每一个学习任务的对应评价设置数量较少,无法充分准确地评估其学习成效。

结合整体种类一致性有待提升的结论,本次研究中的案例更多地做到了一一对应而不是综合性的联结。因此,教师在进行跨学科主题学习设计时既要关注教—学—评之间在素养类别以及内容范围之间的整体一致,又要考虑其内部对应结构的设计,突出"跨学科性",呈现综合的学习任务与学习评价,实现其与学习目标之间的一对多整合对应,与散点状一一对应的"多学科学习"做好区分。

三、深度一致性一般

深度一致性一般说明跨学科主题学习设计的教—学、学—评以及教—评均存在两两之间认知水平不对应的情况。

首先是学习目标与学习任务认知深度不对应。学习任务是为了实现学习目标而设计的,但如果任务的难度、复杂度或类型与目标设定的认知水平不匹配,学生可能会陷入任务无法完成或过于简单的困境。我们发现,对于相同类型的学习目标,与之对应的学习任务的认知水平在多数情况下超出了最初目标设定的水平。这一发现具有双重含义:一方面,它暗示学习过程虽根植于既定目标,但在执行任务的过程中,还潜藏着超越原有设定、实现进一步发展的潜力;另一方面,它也可能表明任务的设计过于艰难,偏离了学生的实际学习状况。要准确评估这种设计的科学性和适宜性,关键在于检视新的学习成果或新理解是否能够通过评价任务得到有效的评估和认证。仅当这些新生成的学习成果能够被恰当评价时,我们才能对其设计的科学性做出判断。

其次是学习目标与学习评价不对应。我们发现评价任务的认知水平在大多数情况下高于目标设定水平。出现这一现象的原因主要是评价设计往往过于空泛,虽强调对某一素养维度的评估,但缺乏对不同认知水平的明确划分与具体化的标准描述,这对学习评价的深度编码造成了一定影响,使得其在叙述的认知深度上可能高于对应目标,但是实际评估内容较为浅显。这种偏差不仅影响了目标—评价的深度一致性,也对提高评价的全面性和准确性提出了挑战。

最后是学习任务与学习评价不对应,即经历完整的问题解决过程后素养的发展深度与评价任务所能检测的素养深度不对应。数据显示,针对相同学习内容的评价任务在认知水平上普遍低于学习任务所要求的水平。相较于学习任务,评价任务可能更侧重于检测知识技能的简单运用、学科概念的理解,而不涉及跨学科知识技能的发展以及创新思维、批判性思维等高阶思维的评估。这可能导致评价结果无法全面反映学生在学习过程中所掌握的更高层次的认知能力。

四、表征平衡性较好

跨学科主题学习设计的表征平衡性水平较好,说明教—学—评对应较为均衡。某一条目标被多项任务/评价击中但某条目标却没有任务/评价检测的情况较少,即跨学科主题学习设计中学习任务以及学习评价可以较为均衡地兼顾到各具体目标的达成以及对学习成效的考查。不过,在目标与评价、任务与评价的环节中,尽管大多数案例表现出高度一致性,但是在确保评价策略能够均衡覆盖并促进既定学习目标和学习任务的完成方面仍存在提升空间。

第三节 一致性的影响因素

一、目标分学科阐述,素养体现抽象化不易测量

在基本符合素养取向的案例分析中,研究者发现案例在目标设计中存在两极分化的现象,有些案例分学科阐述目标,存在割裂;有些案例的目标阐述则过于抽象,直接以核心素养为目标,缺少操作性。

示例1:

表4-5 目标示例

相关学科	学习目标	核心素养
生物学	通过分析归纳,概述糖类的类型及其在细胞中的作用。	科学思维
	通过探究酵母菌的呼吸方式,认识不同条件下细胞获取能量的方式不同。	生命观念、科学探究
	掌握苹果酒的制作原理;学习果酒的制作方法。	生命观念、科学探究
	优化实验装置,控制发酵的实验过程。	科学探究
化学	体验我国传统酿造工艺,经历控制有机反应的实验过程。	变化观念、平衡思想
	依据酸度理论,设计探究方案,运用化学实验进行实验探究。	科学探究、创新意识
	通过对果酒的三大特性的探究,建立认知模型,揭示现象的本质和规律。	证据推理、模型认知

案例1以苹果酒的制作及特性分析作为大任务,整合了生物与化学两门学科内容,但是目标叙述时分别阐述了生物与化学学科应达成的目标,而不是以大任务作为组织中心,阐述经历完成任务的过程所需要的必备学科及跨学科内容以及完成任务后学生可以发展的能力或态度。分学科叙述目标降低了跨学科主题学习设计中目标的统整性,并且不利于引导大任务的设计与综合学习的开展。

此次研究案例中除了缺乏"整合叙写"的案例之外,还存在案例2中呈现的"过度整合"现

象,即直接以核心素养为目标,过于笼统,没有体现多个学科知识技能的融合。

  示例2:
  政治认同:传承红色基因、厚植理想信念和爱国情怀、增强使命担当。
  责任意识:将绿色发展理念渗透到生活细节,成为每个社会成员的自觉行动。
  道德素养:感悟上海近代工业发展的历史与进程,知道走绿色发展道路的重要性,在生活中坚持节约资源和保护环境。

  案例2在目标叙写时整合了历史与道法学科的素养,规避了学科间的割裂,但是存在叙述抽象,不易测量的问题。这种叙述使我们无法识别目标中规定的学生需要完成的"知、行、为"等素养内容的类别与范围,从而无法做种类与广度的编码以及其与学习任务和学习评价的对应,很大程度上影响了一致性的统计分析。在跨学科主题学习中,目标的制定不仅引导学习活动的开展,也是最终评价的可视化判断依据。目标表述过于割裂或者抽象,都无法有效发挥其指导与基准作用,学生也无法识别其承载的素养内容以及预测综合学习表现,从而不利于"教—学—评"三环节在种类、广度与深度方面保持内在一致性。

二、概念体现较少,组织松散难以避免"碎片化"

  大概念是指那些反映学科本质、具有广泛普适性的核心概念。在德雷克的"知—行—为"学习桥理论中,"知"这一领域就提到了学科概念与跨学科概念。本研究前期根据学习桥理论对目标进行了编码分析,根据统计得知 X4-1(跨学科概念)出现频率很低,即 69 份学习设计中只有极少数的目标设计体现了跨学科概念。

  例如,在创建水生二氧化碳供给系统的案例中,提到了以下大观念:

  大观念为物质和能量平衡。地理、生物、化学大观念中都涉及物质与能量的传递与运动,自然环境各要素间,以及人类参与的自然环境都保持一种物质与能量的平衡,这种平衡进一步深入就是和谐,是人与自然和谐共生这一大观念。

  该案例主学科是地理,关联学科是化学、生物、通用技术,其将物质和能量的平衡作为学科间的通用概念并逐渐延伸到人与自然的和谐相处,引导学生在创建水生二氧化碳供给系统的过程中感知植物与湿地的固碳作用,进一步理解碳循环这一学科概念,逐步概括抽象出该案例提出的大概念,由此学习组织实现系统化与结构化。

  学生若以大概念为基础进行跨学科主题学习,将有助于建立学科之间的潜在联系。通过这种学习方式,学生能够在跨学科的框架下,深入理解各个学科的逻辑结构、关键概念和基本原理。这使得学习不再是习得孤立的学科知识点,而是形成一个更为完整和有机的知识体系。此外思维的高水平需要建立在知识结构的高水平上,为了发展批判性思维能力,学生们必须在概念水平上进行学习。[①] 经得起考验的个人观点并不需要教师去教授,相反,它充当了教师在进行学习设计以及教学过程中的向导[②],引导着教师去选择并组织学习内容与评价,即教师在学习设计过程中需要不断思考如何搭建学习任务才能带领学生向思维的更高水平迈进,以及如何设计评价项目来证明学生的个人观点是否经得起考验。因此,教师需要根据所跨学科的课标要求以及学生学情,切合学习主题,明确地在目标中提出这部分内容,以便为后续设计架构支撑。

反观大部分案例,在设计中都缺乏大概念的引导,这就难以避免知识的"碎片化"和"孤立化",知识联结松散,目标中的统领性内容无法有效落实到学习任务中,设计的任务不足以支撑学生经历发现问题并解决问题的全过程,更无法培养学生的跨学科理解以及学习迁移能力,从而导致学习目标与学习任务的种类一致性水平不佳。

三、涉及学科冗杂,低度关联不易触发深度学习

本研究的 69 份案例均具有学科关联的特点,但是通过分析发现,跨学科主题学习设计中仍然出现涉及学科冗杂、存在低度关联的不当倾向。这在一定程度上影响了种类与深度的一致性。

例如有案例指出,其主学科包括语文、数学、英语、科学与技术、信息科技,关联学科包括美术、音乐,其设计的主要任务是推广我国的传统节日。但通过分析子任务与学习目标在种类以及深度的一致性发现,该案例的学习任务并没有完全覆盖目标中涉及的学科门类,并且任务完成过程中每一个子任务单独对应一个学科的内容,纵观整个任务链条,学科之间的关联程度十分有限。

除此之外,本研究通过深入分析在一致性水平统计中数据不理想的案例,发现有的案例虽然只包括两门学科,其关联程度也较低。例如某案例设计的主学科是物理,关联学科是体育,其学习任务包括体验力的作用、探究力的作用效果、探究力的作用效果的影响因素并体验力的三要素对力的作用效果、利用物理知识提高体育活动成绩四项。案例前三个任务均对应物理学科,内容最后一个任务纳入体育学科,这样一一对应类似拼盘而非融合。

跨学科主题学习设计并不仅仅是指在设计中涉及两门或两门以上的知识,或者涉及学科越多就意味着跨学科性越强,它是一种更深层次的学习方法,要求学习者在解决问题或探索主题时能够整合、应用来自不同学科领域的知识、理念与方法技能。因此,在跨学科主题学习设计中,设计者应该关注的是如何通过任务设计使不同学科内容实现深度融合,以促进学生高阶能力的发展,而不只是停留在"跨"的层面,要在跨出去的基础上深层聚焦学科之间

[①] 苏珊 M. 德雷克,黎贝卡 C. 伯恩斯. 综合课程的开发[M]. 廖珊,黄晶慧,潘雯,译. 北京:中国轻工业出版社,2007:38.
[②] 同上,第 41 页。

的交叉领域,衍生相关学习任务,摆脱只关注学科数量或"跨"的形式而忽略学科间关联深度的缺陷。[1]

四、任务设计浅表,深入有限未能实现"真"探究

除却存在"跨而不合"的学科拼盘现象之外,跨学科主题学习设计还存在"合而不深"的问题。本研究中"教—学—评"三环节两两之间在素养深度上的一致性数据一般,部分案例学习任务以及学习评价的认知水平低于学习目标,学习评价的认知水平低于学习任务。究其原因有三点:一是学习任务或者学习评价脱离情境,缺乏真实性。二是其学习任务或评价大部分停留在纸面上,缺乏实践性。三是学习任务虽然基于真实情境且具备实践性,但探究程度有限,跨学科育人价值空间窄化;同时评价项目过于简单、零散,系统性有待加强。

以下是具体示例:

示例1:

目标:通过分析机器翻译的诗歌作品,探究机器翻译的原则和问题,探讨人工翻译与机器翻译的区别,思考人工智能如何与人类友好协作,形成人机结合的工程意识,培养学生工程素养。

此案例在该目标引导下的学习任务是:结合材料,分析机器翻译的诗歌有哪些问题?为什么会出现这些翻译错误?它的翻译逻辑是什么?针对机器翻译的以上问题,如何优化?跨学科主题学习设计中真实的问题一定是现实生活中的复杂和结构不良的问题,劣构的复杂问题需要多学科的整合和综合,它是真实的,存在于现实工作场景中,应该具备复杂开放的特征,能够给学生带来挑战和兴趣,与学生的认知发展和原有的知识水平相适应,经受得起不同视角对问题的检验。此案例的学习任务没有设置相应的真实情境,难以与学生的日常生活或学习经验产生联结,任务中没有反映出学生可能面临的实际挑战或问题,即任务的"驱动性"有限,故而学生的参与以及探究程度也比较浅表,难以通过凭空分析机器翻译的特点就具备人机交互的工程意识。

示例2:

① 核心问题:特仑苏牛奶高品质的奥秘有哪些?

② 子问题链:a. 特仑苏牧场生产牛奶有哪些优势?

b. 特仑苏牛奶在生产加工中有何优势?

c. 特仑苏牛奶如何实现产业的可持续发展?

材料一: 特仑苏专属牧场位于锡林郭勒草原南端,是世界公认的黄金奶源带。充足的日照、适宜的温差以及肥沃的沙质土壤,为牧草提供了世界一流的生长环境。同时,

---

[1] 余胜泉,胡翔. STEM教育理念与跨学科整合模式[J]. 开放教育研究,2015(4):13—22.

牧场周边 10 公里以内没有工厂,甚至连居民都没有。

材料二：蒙牛旗下的"特仑苏"加工厂采用国际先进加工技术,原奶从奶牛乳房挤出,到进入车间开始生产,特仑苏的标准是不超过 2 小时,最大程度保证了牛奶中的营养成分不流失。

此案例的任务探究全部基于材料,实践程度有限,忽略了学习者在学习过程中的亲身参与,限制了学习环境各要素与学习者之间的影响耦合。此外预设的材料会降低学习过程的生成性,缺少外界学习环境的刺激,无法激发学生多模态的具身学习,情境完全可控,故而探究空间便十分有限。这一问题的核心在于,许多学科的学习常常限制在书本知识和理论框架中,缺乏对这些知识在实际场景中的应用和实践经验,这种缺失可能导致学习者对知识的理解停留在抽象层面,难以将其运用于实际问题的解决中。因此,为了培养更全面的学习体验,跨学科主题学习应该采用更具实践性的任务设计,创设真实情境,让学生经历不断探究的历时性过程,例如实地考察、实验、项目研究等,以帮助学习者将纸面上的理论知识与实际操作相结合。通过这种方式,学生不仅能够更深入地理解学科知识,还能够培养解决实际问题的能力和创新思维,使学习更为生动有趣,更好地满足现实世界对跨学科应用能力的需求。

示例 3：

任务：以杨浦区的三个百年与上海近代工业发展史为切入点,带领学生完成任务一：观赏上海肥皂厂的宣传墙,介绍上海药皂品牌；任务二：介绍上海肥皂厂的发展史,以小见大,使学生了解上海近代工业的发展史；任务三：学生自主学习及参观皂荚岛,进行交流,思考皂荚岛的设计理念,帮助学生深刻了解绿色发展道路。

该任务的目标站位是以习近平新时代中国特色社会主义思想为指导,以四史为引领,注重课内外衔接,以曾经的上海肥皂厂,如今的梦空间为课外学习场所,将杨浦区的三个百年与思政学科教学结合,探索校外实景,课堂学习引导学生学习杨浦区百年工业的发展史；培养学生知史爱国的价值观,增强文化自信,提升乡土情怀；培养学生坚持走绿色、循环低碳发展之路,坚持节能、环保、低碳、文明的绿色生产生活方式；感悟初心使命,坚定理想信念,为建设美丽中国,建设祖国的大好河山而奋斗。

这一案例以道法作为主学科,关联地理与生命科学,不难看出该任务的情境与学生的生活紧密关联,但针对八年级这一学段来讲,其实践成分有余而探究成分不足。三个子任务的重点全部放在参观上,参观虽然可以提供信息和体验,但其本身并不要求学生进行深度的思考或复杂的分析,如何从参观了解上升到增强文化自信且落实坚持绿色生产生活方式的行为是任务设计时应考虑的重点。跨学科的学习设计旨在引导学生在问题解决中实现认知突破和多门学科的再结构。[1] 学习任务如果没有承载起目标中提到的高阶知能,那就会在深度

---

[1] 张玉华. 跨学科主题学习的水平分析与深化策略[J]. 全球教育展望,2023(3):48—61.

上出现不匹配的情况。跨学科主题学习设计应注意帮助学生通过多学科协同的经验力量试图解决真实问题,根据学段学情设计高阶开放的任务,为学生提供亲历探究与问题解决的过程,从而帮助学生体会知识的工具属性并产生跨学科理解。

除却学习任务的认知水平低于目标以外,案例中一个很有趣的现象是目标提到了"了解"一些相关知识,但是在学习任务中表述为"运用"或者"创建",反映出针对同一个学习内容,学习活动和评价活动中的认知层级会高于目标。据此研究分析,如果学习设计只在教学过程当中超越了目标,那说明可能其教学存在过高难度,脱离了学情;如果评价里面也同样可以去检测到这些超越目标的学习的发生,那说明这份学习设计具备基于目标且超越目标的特点,当探究逐渐走向深度,便生发出了拓展性学习的空间。

五、评价设计简单,线条粗糙无法检测学习效果

本研究中案例的评价设计主要有三点问题:首先是评价缺失,案例中没有体现评价设计,"教—学—评"的结构并不完整;其次是学习评价测评的素养种类无法涵盖学习目标以及学习任务中体现的素养种类,例如目标中提到的思维的发展或者态度的培养没有与之对应的评价任务,这影响了该类型目标与评价的一致性;最后是评价量规粗糙,没有展现不同等级的具体描述,无法探知某类素养的认知发展水平,不利于维持深度上的一致性。

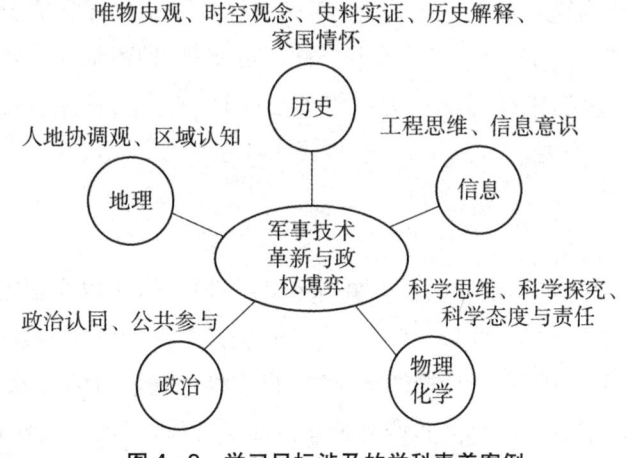

图 4-3 学习目标涉及的学科素养案例

该案例中涉及多学科的学科素养,在评价阶段,该案例呈现了包括课堂学习、个人探究、分组任务、研究成果以及成果展示等维度,但是评价并没有指出具体的评价内容以及可操作的评价标准,在明确"学生到哪里"以及"如何到"之后,粗线条的评价设计并无法解答"学生到了没有"这一关键问题,故而影响了"教与评"以及"学与评"在种类与深度上的一致性。

《深化新时代教育评价改革总体方案》明确要求合理运用各类评价方式,提高教育评价

的科学性和有效性[①]。首先是优化结果性评价,厘清界定教育目标,关注教育目标的达成度以及评价与教育目标的吻合程度;其次强化过程性评价,以发展的眼光判断教育目标的实现过程及程度。在设计跨学科主题学习时,教师尤其要注意过程性评价,可以按照子任务的性质设置有针对性的、合适的评价任务与评价量规,既体现目标中的关键知识与技能,又兼顾学生思维情感的发展,尽量将其转化为可视化的成果,通过具体可操作的描述为学生自评与互评提供指导,促进作为学习的评价。跨学科主题学习的评价需要将核心素养具体化、明确核心素养与学习目标之间的关系,为核心素养匹配具体内容以及建立平衡的评价体系[②]。如果评价任务无法科学检测其素养的发展情况,那对于整体学习设计而言,便失去了对教学效果的反馈和评估,以及激励学生进行自我反思和提升学习能力的重要推动力。

第四节 一致性的提升策略

一、目标坚持素养导向,具象化描述

任何一种教学设计的目标制定都要符合课程标准,具备科学厘定依据,这是分析目标—任务—评价一致性的前提。本次分析选取的研究对象的目标设计基本符合课标要求,但从一致性的角度出发,作为跨学科的学习设计,其在目标方面仍然存在需要完善之处,主要体现在目标叙述层面。"教—学—评"一致强调目标的可测量,即不能仅仅包含素养,更要以具体学科的知识技能为基础,以学习活动为组织中心,阐述素养的具体表现也就是其种类、广度以及素养发展水平及深度。

(一) 素养表现

跨学科主题学习中的目标设计是在主题确定以后进行的,所以在制定目标时,教师可以围绕主题首先筛选其关联的学科以及该主题培育的学科素养和跨学科素养。同时教师要避免机械套用核心素养的名称,通过分析课标,寻找跨学科主题学习的素养表现要求。最后通过关联引领性的主题学习任务,澄清其涉及的学科知识技能,将素养表现要求具象化为任务条目。例如整体一致性较好的《"一带一路"的前世今生》案例将目标设计为"通过深入了解古代丝绸之路与'一带一路'的联系与区别,合作探究'一带一路'的作用与影响,深刻认识'一带一路'的历史渊源、重要内涵与深远意义",这一目标设计体现了时空观念与历史解释

[①] 中共中央、国务院. 中共中央、国务院印发《深化新时代教育评价改革总体方案》[EB/OL]. (2020-10-13)[2025-01-18]. http://www.gov.cn/zhengce/2020-10/13/content_5551032.htm.

[②] 邵朝友,徐立蒙. 跨学科素养评价:欧盟成员国的经验与启示[J]. 教育发展研究,2018(6):48—53.

等历史学科素养、区域认知与综合思维等地理学科素养以及沟通合作、批判性思维等跨学科素养,并且以学习任务为载体明确了素养表现。学习目标是对学生学习什么的友好型陈述,教师进行目标陈述时需要把相对宽泛的目标转为更具体的内容,否则素养就会失去明确的指向,育人功能也就无法体现。[①] 具体而言,跨学科主题学习的目标需要通过"主体+行为+程度+条件"的格式,以学习任务为中心明确体现学科融合,阐述清晰的学习结果,为之后学习活动以及评价的设计指明方向。

(二) 素养发展水平

从布鲁姆的目标分类法以及 SOLO 评价理念中我们可以看出学习具备过程性,知识的识记只处于学习的初级阶段,科学的学习更加强调应用知识解决问题的能力,并最终指向学生高级思维的发展。课标是学科专家制定的比较上位的教学目标,是从国家政策层面对教学提出的强制性、规范性的要求,是最基本的纲领性文件。课标中的学业质量标准根据核心素养的发展水平,结合课程内容,阐述了不同学段学业成就的具体表现特征,目标设计应该参照质量标准把握学习深度。教师在设计目标时要注意相应的学习内容学到什么程度,例如是"了解""理解"还是"描述运用",以《"一带一路"的前世今生》为例,其是面向高二年级,以 21 世纪举世瞩目的时代议题"一带一路"为主题进行史地跨学科主题学习的设计,参照《普通高中历史课程标准》中的学业质量标准及说明,该案例将时空观念这一素养描述为"运用恰当的时空尺度对史事做出合理的描述""在延续与变迁、历史与现实的时空维度下解释说明从丝绸之路到'一带一路'的演进历程",对时空观念如何体现以及体现到何种程度做了清晰阐述,保证目标有具体的落脚点,避免目标的虚化、空洞化,同时为跨学科主题学习的评价提供了参照。

二、任务对应素养链条,统整性设计

(一) 任务清晰关联相关学科内容,综合体现目标提及的素养种类

目标—任务/评价的种类一致性欠佳代表击中某类目标的学习任务/评价数量未达到 50% 的水平,即对该类目标的考查有待加强。主要表现在:一是任务/评价对基础知识以及基本技能的考查欠缺;二是对综合素养的培育以及考查有待提升。

首先,课程标准中规定的相关学科的知识技能应该引起重视,这也是我们进一步进行跨学科主题学习设计的基础。强调跨学科学习中的知识基础,是实现跨学科学习走向深度育人的关键所在。跨学科学习需要在"跨出去"的同时"回头看",既具备跨学科视野又深植于

---

① 邵朝友.基于学科素养的表现标准研究[M].上海:华东师范大学出版社,2017:72.

本学科土壤,保持对本学科的忠诚与回顾,在吸收借鉴其他学科知识和思维的基础上走向深度发展。[1] 有时过于强调宏大概念与所跨学科的数量反而会丧失学科立场。这意味着我们不仅要勇于拓宽视野,学习其他领域的见解,还要不忘在这个跨越中保持对本学科的深度探究和进一步发展。这样的双重关注和平衡可以使跨学科学习更为全面,让我们在各个领域间建立更加连贯和丰富的知识体系。本研究中存在部分案例所跨学科数量较多,但学科间的关联较低,同时其任务设计也忽略了基础知识的运用,只关注"致广大"而忽略"尽精微"[2]的做法,表明教师对跨学科学习设计的理解存在偏差。因此在设计跨学科主题学习时,我们应当着眼于学习过程中跨学科的实质,而不仅仅是参与学科的数量。教师既要有宏观的视野来把握学科间的关联性,也要有微观的洞察力来细致理解每个学科内容的特性和价值,深入思考所跨学科的方向与范围,确定其与主学科交叉学习的关键接点,探索不同学科间的有效融合方式,有效预见跨学科合作完成后能否形成新的知识结构,在帮助学生理解不同学科间的知识和方法论的同时产生创新见解和解决方案。

其次,任务要综合才能更大程度覆盖目标规定的内容,如何使任务具备综合性是教师设计时需要考虑的关键所在。大概念可以为整个跨学科教学单元提供设计的指引,通过将大概念细分为子概念及其相互关联的结构,可以构建内容组织的核心框架。这个框架不仅仅是一堆概念的组合,更是一种有机的结构,为知识体系提供了有力的支撑。与此同时,子概念之间的相互关联形成了内在聚合力,这种内在的联系不是知识点的简单组合,而是一种深层次的交融,使得学习者能够更全面、更深刻地理解不同领域之间的关系,促进知识的有机联结。然而,如果缺乏大概念的统领,学习任务可能会变得零散而失去方向,学习者可能只是在孤立的知识点上进行学习,而无法体会到知识内容所具有的整体意义。因此大概念的缺失会导致学习的碎片化,影响其学习任务设计的整合程度以及认知的纵深化,进而使学生难以建立起综合性的认知框架,从而影响他们对知识的深入理解、应用以及迁移。

德雷克的学习桥理论中"知"的四个层次中关键的转折点在于"主题"向"概念"水平的转换。教师在设计主题单元时,为了提高"知"的层次,可以添加一个"概念焦点",比如"矿物燃料"主题可以增加一个"守恒"概念、"进化"主题可以增加一个"多元化"概念、"工业"主题增加"可持续发展"概念、"文史"主题增加"文明的冲突与发展"概念等,以上均是本次研究中一致性程度较好的案例中涉及的相关概念,其中宏观的概念具备更好的跨情境的迁移性,微观学科概念可以保证学科理解的深度。教师在进行跨学科主题学习设计时可以将概念作为抓手,设计知识交叉结构图,由此作为子任务设计的依据。基于大概念的跨学科学习设计提出了学科间关联的交叉点,并以此为抓手设计进阶性的学习任务促进学生的跨学科理解力,同时学生能够从不同学科的角度审视同一主题,使知识体系从单一的平面结构逐渐发展为更

---

[1] 程龙.重申跨学科学习的学科立场[J].全球教育展望,2023(3):25—34.
[2] 张玉华.跨学科主题学习的水平分析与深化策略[J].全球教育展望,2023(3):48—61.

为立体的形式。

(二) 任务要基于真实问题实现探究，进阶贴合目标规定的素养深度

跨学科主题学习的内容组织方式旨在超越学科边界，实现多学科视野、知识与方法的整合，以解决复杂问题。这种整合要求内部结构的关联和融通，而不是简单地堆砌和拼凑。此外跨学科的学习任务注重在真实情境中解决实际问题，这就要求教育者不仅要清晰界定教学目标，而且需确保任务中涉及的实际问题能够有效反映教学目标。因此教师需要对学习材料进行深入分析，确定关联的学科知识技能内容及其类型，了解不同内容间的结构联系，然后科学建构具备真实情境的学习任务，以实现学生知识、技能、认知的逐步提升。

第一，围绕目标设计任务，实现知识嵌入。基于"教—学—评"一致的跨学科主题学习设计要求教师根据目标中的学习内容范围来设计学习活动。教师在进行跨学科主题学习过程设计时，需要考虑学生的"须知""须做""须理解"，并且考虑怎样选择和组织各学科内容，以及设计何种类型的学习任务或问题，才能帮助学生在学习过程中习得目标规定的知识基础上获得跨学科能力与态度的发展。例如本研究案例《创本土曲艺 筑民族英魂》将民族英雄的纪念活动与上海说唱曲艺作品创作相结合，通过说唱作品创编展演，纪念陈化成将军，该案例的目标厘定依据中清晰展示了关联学科的知识结构图，包括曲艺的定义、说唱词和曲调的特点、选配唱腔、伴奏音乐导出等音乐与信息技术基础知识技能，以及短词唱腔常见的句式结构、平仄的声调规律、"吴淞会战"史实、编写词曲、观察战争形势图等语文及历史学科相关的概念技能。该案例的学习任务为"以小组合作的方式，完成通俗、生动、幽默的曲词编写，运用'添加、减少、合并'等文字处理方式与音乐进行融合，按照语言的平仄对曲调进行调整，演绎这种且说且唱且表演的曲艺作品，传颂民族英雄们的爱国精神和为国为民的牺牲精神，增强家国情怀"，与目标中的内容种类保持了一致。

第二，观照学生经验，设计真实情境。认知科学提出学习是建构的过程，在认知过程中动机和信念非常重要。认知发展建立在社会互动基础之上，知识、策略和专门技术是情境化的。[1] 这需要将学习置于与学生体验相关联的真实情境中，通过任务或问题解决的方式推动学生开展更高层次的学习。素养概念强调表现，即个体在具体情境中通过行动解决问题的过程，学生要经历在事实层面的"知道"、概念层面的"理解"以及技能与过程层面上的"做"，其知识结构会在解决与真实生活相关联的问题中从具体而精确发展到抽象并可迁移，层层迈进。以此来理解，根据所处背景，学生必须适当地应用他们的知识、技能、态度，所以情境的设计一定要联系学生个体经验，同时体现价值关切。在"巴西龟，是敌亦是友"这一跨学科主题学习中，教师在设计目标之前进行了课前调查，发现学生在成长过程中或多或少了解、

---

[1] Bruning R H, Schraw G J, Ronning R R. Cognitive Psychology and Instruction [J]. *American Journal of Psychology*, 1999(3):562.

接触或者饲养过巴西龟,但拥有成功长期饲养经验的学生较少,可见绝大多数学生在动物饲养的相关知识和方法储备上存在短板,对于巴西龟的原产地、巴西龟属于外来入侵物种等知识更是知之甚少。巴西龟对学生而言是既熟悉又陌生的,这有助于激发学生进一步探究的欲望,因此可以从设计探究巴西龟的学习主题走向探究外来生物入侵,走向形成生物形态结构与功能相统一的生命观念的高阶水平。

最后,任务的设计也要考虑现实学情,为学习任务确定适宜的难度同样至关重要,这会影响到深度层面的一致性。不同学段的学生有不同的认知和理解能力,因此任务的设计要确保他们能够理解和完成,同时也要有一定的挑战性,激发学生的兴趣和动力,即在认知深度上可以基于目标且超越目标。

三、评价对应目标预期,体系化构建

"教—学—评"一致性要求教师以专业化的方案来统整教、学、评三要素,以过程性的评价体系和结构化的学习路径来实现三者的和谐统一。[①] 核心素养时代的教育评价追求"教—学—评"一体化设计,共同指向课程目标的达成,教育评价范式的变革要求教学、学习与评价之间保持高度一致并且在循环互动中实现动态协调,三者的有效互动与有机融通是实现有效教学的重要保障。跨学科主题学习设计评什么、怎么评、如何呈现才能保证目标—任务—评价三者之间的协调一致是本研究需要讨论的重点问题。与学科教学评价设计的底层逻辑无异,跨学科主题学习的评价设计同样需要以目标作为引领,分析学习目标中涉及的知、行、为不同领域的内容及预期表现,并据此考虑评价内容、评价标准以及评价组织。

(一)评价内容:在立足学科的同时重点评估共通素养

根据德雷克的"知—行—为"学习桥理论,评价的设计理应涵盖目标中出现的素养表现,尤其注意对综合素养的评价。跨学科素养或通用素养培养关注的是学生创造性解决复杂的、不确定性现实问题的能力以及整合学习的能力。如果评价内容过于偏重学生的认知目标,而忽略了跨学科素养的培养,会导致目标—评价在种类与深度层面的不一致。同时这种偏向也会导致评价功能的异化,无法全面有效地评价学生的学习成效。

要想和学习任务与目标在素养种类上保持一致,跨学科主题学习的评价范围就要涵盖广泛的认知性和非认知性维度。在认知性维度方面,评价内容不仅要涉及关键学科知识的习得和方法的运用,还要包括对思维的培养,如问题解决能力、批判性思维等。例如在《解决航天员太空生活的简易供氧器制作》这一跨学科主题学习设计中,以"设计简易供氧器满足航天员在空间站的供氧需求"为大任务,设计"查阅资料,获取供氧器制作的途径—设计制作

[①] 涂晓锋.教学评一致性的含义、实践困境与突围之策[J].教学月刊小学版(语文),2022(4):4—8.

简易供氧器—产品优化—产品的发布与展示"子任务链条。该案例终结性评价量表包括供氧器制作成品展示以及成品数字化展示两部分。通过原理、装置、制氧效果、反思优化四个维度对供氧器制作成品进行终结性评价,从要素构成、内容组织、媒体表达以及画面表现四个维度对产品发布这一任务进行表现性评价。同时,在非认知性方面,学习评价也要关注学生的情感体验、心理态度以及价值观等方面。上文案例中评价同时关注到了对"合作学习"这一综合素养的考查,在合作学习评价量表中,合作学习被分为团队合作能力、合作态度、责任心以及自我反思四个指标,每一指标都附有等级与标准说明。这能够反映学生对学习过程的态度和对知识的情感投入,为学习评估提供了更为综合的视角。

(二)评价标准:体现分类的同时提供分层评估说明

确定好评价内容之后要考虑评价设计的深度,即针对某一维度的评价可以分为几个质量等级,以及每一等级的具体标准是什么。这样可以为师生评价提供有力的抓手,且不同的等级划分代表不同的深度水平,为学生的拓展学习保留评价空间,有利于学生在基于目标的基础上实现对目标的超越。评价要想与学习任务以及学习目标在素养深度上保持一致,就要设计开发完整科学的评价工具。学生的学习进度可以通过一系列的方式记录和评价,这些方式包括学习进展手册和学习单,收集学生制作的作品,如概念图、流程图和结构图等,以及通过报告、展示和演讲等形式为学生提供展示其学习过程的机会。设计多样化的评价活动或工具有助于提高评价与学习目标以及学习任务在深度上的一致性。无论何种方式都需要多维水平的层级说明,因为现实学情是具备差异的,我们在将评价内容与目标保持种类一致的同时,也要注意针对某类目标的评价是否设计了拓展层次。例如针对"供氧器"的评价质量等级,优等表现为:综合考虑原理(试剂用量、压强、物质变化、能量变化等)与实际需求(流速、氧气纯度温度、湿度、安全、环保等)实现装置的整体可调控及一体化设计;"良"则描述为"模仿供氧器作品,有气体发生装置、收集装置和净化装置,局部可调控(如即开即用、速率调控等)或局部一体化设计"。该评价通过有梯度的描述与不同的学习水平进行对应,在纵向上拓宽了评价的边界,兼容了目标中涉及素养发展水平的不同节点,可以实现多层次对应,为不同能力的学生提供参照与反馈工具。

(三)评价组织:在嵌入对应的同时要凸显评价任务属性

第一,跨学科主题学习旨在培养学生综合运用知识和技能解决复杂问题的能力。真实问题情境为学生提供了践行所学的机会,学生在问题解决过程中可以体现问题分析、沟通协作、信息筛选等跨学科素养,为了保证学习评价的真实性,评价设计要体现任务属性即具备真实情境,而不应该以简单零散测验的形式来呈现。第二,评价要嵌入学习过程,保持评价项目在学习任务与学习目标之间分布的平衡性。此外,学习评价的设计需要指向核心素养并建立评价任务之间的关联性。教师可以按照威金斯和麦克泰提出的逆向教学设计方法将评价前置。在设置学习目标以后,考虑通过怎样的表现可以判断学生是否达到目标,进行表现性评价设计。表现性评价是对学生完成产品或表现的过程与结果进行的评价,它与跨学科主题学习的内在属性相契合,有助于监测学生高阶素养的获得,一个表现性任务可以是学习经验而不仅仅是对学习成果的评估。

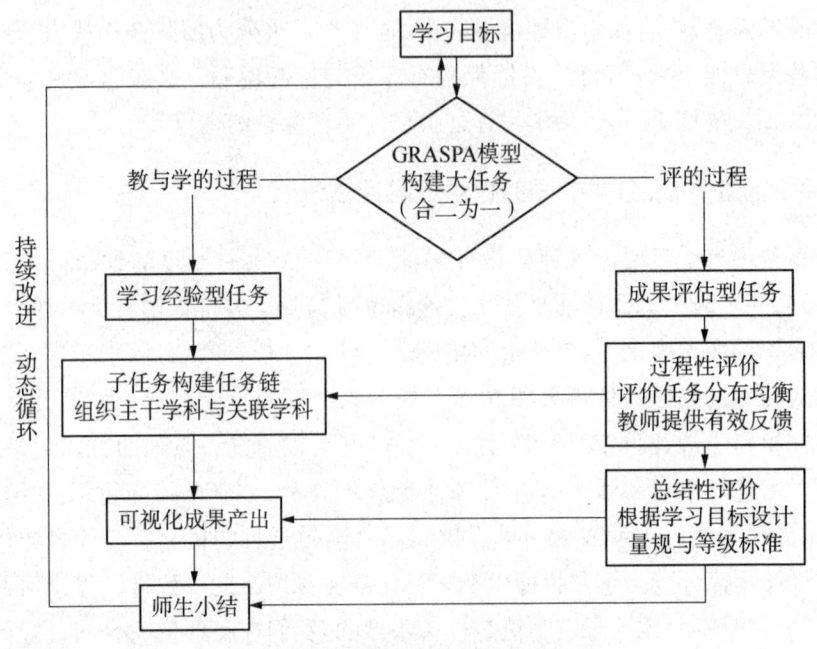

图 4-4 跨学科主题学习逆向设计图

跨学科主题学习设计可以根据目标(Goal)、角色(Role)、受众(Audience)、情境(Situation)、作品/表现/目的(Product/Performance/Purpose)、成功的标准(Standards & Criteria for Success)等因素即 GRASPS 为模型设计表现性任务,并将这一大任务视为学习经验型任务与成果评估型任务的统一。在设计学习经验型任务时,教师要围绕一个或多个核心问题设计一系列具有挑战性和逻辑性的学习任务,促进学生关键能力和核心素养的发展。同时为了更有效地实现广度一致性以及均衡性,这类任务还涵盖了成果评估的要素,评价任务是学习任务也是教学,这意味着其可以通过子评价项目来实现与学习子任务的对应,这种方法有助于确保教学过程与评价过程的无缝对接,使得评价能够全面、全程反映学生在知识掌握、技能应用以及素养发展等方面的进步。逆向设计理念中对学生学习的评价就是对其表现的评价,这一表现既体现在教与学的过程之间,又可以通过最后的成果体现出来,教学设计要以目标为核心,将评价嵌入教与学的全过程,强调基于学习结果的反向设计,重视可视化的、可观察的学习成果评价,力求实现教—学—评的协调一致。

第五章　跨学科主题学习典型案例

第一节　STEM 跨学科教学

案例一：上海城市桥梁探秘

"上海城市桥梁探秘"是上海理工大学附属中学基于学校工程素养培育特色，组建跨文理学科教师团队创作的一个跨学科主题学习项目。该项目以历史为主要学科，关联物理、地理、数学，面向高一、高二年级，共5课时。

一、学习目标

1. 认识不同时期的桥梁发展既是地理环境、经济发展、工程技术、社会形态、国家制度等综合因素的结果，也便利了人们的生活，推动了社会变迁。
2. 领悟桥梁建筑中所体现的科技发展、工匠精神与时代文化，在历史变迁中认识到国家独立、主权完整的重要意义；热爱家乡，认同中国特色社会主义建设道路。
3. 在真实问题探究中，提升自主学习、合作学习、探究学习的意识与能力。

二、目标厘定依据

（一）本校"工程素养"办学特色要求

学校以培育高中生的"工程素养"为办学特色，致力于培养学生的责任伦理、系统思维、实践创新、交流合作四大素养。学校构建了"1+3+2"特色课程群，包括工程素养通识课程、工程与科学、技术、艺术等课程群,以及工程实训和实践体验课程,为学生提供了全面且多样化的学习平台。在教学过程中,学校注重将工程素养培育渗透到各学科教学中,通过项目教学、实践探究等方式,让学生在真实情境中学习和应用知识,提升工程素养和综合能力,从而培养人文厚实、理工见长,具有创新精神和国际视野的现代高中生。基于以上的特色办学需要,学校运用工程教育的理念和方法,开发了一系列工程素养培育综合实践体验课程,"上海城市桥梁探秘"正是在学校工程特色的浸润下形成的跨学科案例。

(二)历史学科素养要求

跨学科主题学习的目标拟定以历史学科的素养要求为主要依据,即唯物史观、时空观念、史料实证、历史解释与家国情怀。

表5-1 历史学科素养要求

从地理环境、经济发展、工程技术、社会形态、国家制度等角度认识桥梁发展与社会变迁的互动关系	唯物史观
置于古代水乡、近代城市、现代都市三个不同的时空环境中认识桥梁发展史	时空观念
多途径搜集、整理、辨析上海桥梁发展的相关资料	史料实证
组织、运用相关资料,对学习主题作出多元解释	历史解释
了解家乡,热爱家乡,认同中国特色社会主义建设道路	家国情怀

(三)跨学科素养要求

学生在跨学科主题学习活动中,既需要搜集文献、图片、影像等信息,了解不同时期上海代表性桥梁建造的历史背景、时代价值,也要实地调研,搜集、处理桥梁材料与结构、位置与地理环境等相关信息,再进行工程实验,搭建桥梁模型,最后分析数据形成展示成果。如此,学生在解决真实而复杂的问题中调用历史、物理、地理、数学等多学科技能与思维,产生整合性的理解,发展综合素质。

表5-2 相关学科素养要求

学科	学科核心素养
历史	唯物史观、时空观念、史料实证、历史解释、家国情怀
物理	科学思维、科学探究、科学态度与责任
地理	人地协调观、区域认知、综合思维、地理实践力
数学	逻辑推理、数据运算、数据分析

三、学习内容

在"上海城市桥梁探秘"跨学科主题学习中,同学们将围绕"上海桥梁发展与社会变迁的关系"这一核心问题,通过实地调研、资料搜集与整理、工程实验、模型搭建、成果展示等多元学习活动,深入探究桥梁的发展历程及其对社会的推动作用。在"初识桥梁与制定方案"阶段,大家会看到上海自古至今各种类型的桥梁,尝试从不同角度对它们进行分类,思考影响桥梁发展的因素以及桥梁对城市发展的意义,并制定项目计划,合理分组与分配任务。在探究古镇水乡蒲汇塘桥时,需选择具有代表性的石桥,追溯其建造的历史渊源,实地调研古代拱桥的建造技术,通过绘制图表、搭建模型等方式,探究其中蕴含的多学科原理。对于苏州河上的外白渡桥,要从建造技术角度对比它与古镇石桥的不同,了解其成为城市文化符号的原因,这既需要查找资料、进行工程实验,还需采访专家学者、市民等,综合多方面信息深入理解。在研究横跨浦江的杨浦大桥时,探究其技术突破与对城市发展的推动作用是重点,同样要通过查阅资料、采访调研等方式,结合工程实验了解斜拉桥的受力特点,并思考大桥建设与改革开放、浦东开发开放之间的关系。最后,大家需选择合适的形式展示研究成果,同时学会客观评价他人,正确看待他人对自己的评价。

四、学习过程

表5-3 学习过程

课时主题	问题设计	学生活动	学习目标
初识桥梁与制定方案	1. 为何上海桥梁如此之多?如何分类? 2. 哪些因素影响桥梁发展?桥梁对上海城市发展发挥怎样的作用? 3. 如何分组、分配任务能最大程度地发挥团队作用?	1. 展示上海自古至今各种类型的桥梁,引导学生按照不同标准进行分类。 2. 初步探讨学习主题"如何认识上海桥梁发展与社会变迁"。 3. 制定项目计划,进行人员分组与任务分配。	1. 掌握按照建造时期、地理位置、工程技术等标准对桥梁进行分类的方法。 2. 理解桥梁的发展变化与社会变迁交相互动的关系,初步了解从生产力发展、生活方式、社会形态、民族复兴等多角度探讨问题的历史思维方法。 3. 能够选择代表性桥梁来制定计划,在尊重个人、友好团结的基础上分组、分配。
古镇水乡:蒲汇塘桥	1. 哪座桥可作为探究古镇水乡桥梁的代表? 2. 石桥建造的历史渊源与价值是什么? 3. 为何石拱桥可屹立百年不倒?	1. 桥的选择——搜集上海古镇石桥信息,选择代表性桥梁,说明理由。 2. 溯塘桥之源——查找资料,追溯桥梁历程。	1. 懂得实地调研要综合考虑桥梁研究价值、实践活动的可行性等因素。 2. 从地理环境、经济发展等角度认识古镇石桥适应了江南水乡人们依河而居、宋元至明清时期江南商品

续 表

课时主题	问题设计	学生活动	学习目标
		3. 探拱桥之秘——实地调研古代拱桥的建造技术；绘制图表、搭建模型，探秘其中蕴含的物理、数学、工程等原理。	经济繁荣的需求，便捷人们生活，推动城镇发展。 3. 搜集、整理信息，在模拟实验中运用多学科能力解决问题。
苏州河上：外白渡桥	1. 从建造技术看，外白渡桥与古镇石桥有何不同？ 2. 为何外白渡桥成为沪上拍照打卡点？	1. 桥的技术——查找资料，工程实验，探秘"钢桁架桥的优缺点"。拓展思考"钢桁架桥还有哪些结构样式？不同结构样式之间有什么区别？" 2. 桥的历史——查找资料，了解桥的"前世今生"，采访专家学者、亲友、市民等，分析其成为城市文化符号的缘由。	1. 搜集、整理信息，在模拟实验中运用多学科能力解决问题。 2. 综合文献与影像资料，采访与调研信息，从政治、经济、技术、文化等角度理解"为何过去是洋人造桥，现今修旧如旧却不拆除重建"，认识外白渡桥是上海城市化进程的缩影，折射了中国由百年屈辱走向民族复兴的历程。
横跨浦江：杨浦大桥	1. 杨浦大桥有何技术突破？ 2. 杨浦大桥对上海城市发展发挥了怎样的作用？	1. 桥的技术——探究杨浦大桥建造的技术特点，知道斜拉桥的优缺点；通过工程实验，了解斜拉桥的受力变化情况，了解其建造难度。 2. 桥的历史——查阅资料，采访调研，了解建桥以来浦东与浦西经济发展、城市建设、市民生活等方面的变化。	1. 搜集、整理信息，在模拟实验中运用多学科能力解决问题。 2. 感悟大桥建成后浦江两岸的巨变，辩证认识改革开放、浦东开发开放与杨浦大桥建设的关系，认同中国特色社会主义建设道路。
展示交流与成果评估	1. 选择可视化的形式展示关于"如何看待上海桥梁发展与社会变迁的关系"的研究成果。 2. 思考如何客观评价他人，如何正确看待他人对自己的评价。	学生可以小论文、思维导图、漫画、海报等形式展示研究成果，并根据评价量规完成自评与互评。	1. 有一定的表达能力，多视角阐释上海桥梁发展与社会变迁的互动关系。 2. 掌握公正评价他人学习成果的态度与方法，能对他人的异议作出正向回应。

五、学习评价

本次跨学科主题学习活动的评价分为过程性评价和结果性评价。注重评价主体的多元化、评价方式的多样化和评价标准的多维化。

（一）过程性评价

主要从信息搜集、工程实验、多元解释、唯物史观、家国情怀五个维度进行评价，每个维度分为三个等级，分别给予相应的分数。评价主体包括学生自评、小组互评和教师评价。

表 5-4　过程性评价

评价维度	评价标准	评价主体		
		学生自评	小组互评	教师评价
信息搜集	1. 资料丰富多样,都有来源说明,分类合理(4—5分) 2. 资料相对单一,部分有来源说明,分类较乱(2—3分) 3. 只有一类资料,资料有较大的随意性(0—1分)			
工程实验	1. 桥梁模型的外形、材料、大小比例等都很匹配原型(4—5分) 2. 桥梁模型的外形、材料、大小比例等部分匹配原型(2—3分) 3. 桥梁模型的外形、材料、大小比例等都不匹配原型(0—1分)			
多元解释	1. 运用已学,置于不同时代背景、多视角解释(4—5分) 2. 运用已学,置于不同时代背景、单视角解释(2—3分) 3. 无法作出解释或解释脱离时代背景(0—1分)			
唯物史观	1. 始终能全面、辩证地认识问题(4—5分) 2. 偶尔能全面、辩证地认识问题(2—3分) 3. 分析问题比较片面化、绝对化(0—1分)			
家国情怀	1. 能立志为家乡、民族和国家发展作出自己的贡献(4—5分) 2. 能有对家乡发展、文化传承或民族复兴的认同感(2—3分) 3. 上述情感与认识比较模糊(0—1分)			
总计				

(二) 结果性评价

从问题意识与创新能力、学习态度与团队协作、自我表达与接纳能力、成果体现与学习成效四个维度进行评价,同样分为三个等级,评价主体也包括学生自评、小组互评和教师评价。

表 5-5　结果性评价

评价维度	评价标准	评价主体		
		学生自评	小组互评	教师评价
问题意识与创新能力	1. 能聚焦问题,主动寻求解决方法,提出创造性看法(4—5分) 2. 能聚焦问题,尝试问题的解决,能对问题发表看法(2—3分) 3. 不能理解问题,或无法对问题发表看法(0—1分)			
学习态度与团队协作	1. 能主动完成学习任务,能主动帮助他人(4—5分) 2. 能主动完成学习任务(2—3分) 3. 基本不能完成学习任务(0—1分)			
自我表达与接纳能力	1. 表达自信、富有逻辑性,对他人异议作出正向回应(4—5分) 2. 能比较清楚地表达自我,能接纳他人异议(2—3分) 3. 表达不流畅、逻辑混乱,完全不能接受他人异议(0—1分)			

续　表

评价维度	评价标准	评价主体		
		学生自评	小组互评	教师评价
成果体现与学习成效	1. 依据要求,完成各项学习任务,物化性成果质量较高(4—5分) 2. 依据要求,完成部分学习任务,物化性成果质量一般(2—3分) 3. 不能依据要求,形成物化性成果,或质量很低(0—1分)			
总计				

六、实施成效

（一）在自主探究活动中发展了学生交流合作的意识与能力

在成员分组、方案制定、任务分配中，学生整体可以做到相互尊重、合理分工、密切配合，通过少数服从多数、组长协调等方式解决团队内的异议，部分学生在主动完成个人任务之余能积极帮助他人。多数小组在实地调研时通过团队协作完成调查问卷的设计，在数据分析、桥梁模型搭建、交流展示的过程中，能够各显神通、博采众长。

（二）在对真实问题的探究中提升了学生跨学科的系统思维能力

学生能在核心问题与问题的链驱动下，通过网络搜索、参观博物馆、实地调研等途径搜集丰富资料，运用数学推理与数据分析能力、物理学科中的力学知识，计算桥梁模型的尺寸比例、主要结构承受力等，从历史、地理、经济、技术等角度分析桥梁建造的可能性与必要性，大大提升了跨学科的系统思维能力。

（三）从学习成果的展示中彰显学生历史学科核心素养的提升

少数学生以小论文形式呈现学习成果，多数学生选择思维导图、漫画或海报的形式来呈现上海古镇石桥、近代横河钢桁架桥与新时期跨江斜拉桥，以左图右文、上图下文的形式展示桥梁发展与社会变迁的关系。

七、反思与总结

（一）教后反思

1. 分组问题与改进策略

学生分组方案存在不太合理的情况，完全自愿、自主分配的结果是部分小组在组织活动、实地调研或桥梁模型搭建的环节极度缺乏相关人才。较好的问题解决方案或许是分组之前先调研，尽可能地依据学生的特长与能力交叉分组，最大程度地确保每个小组的综合实践能力。

2. 学习困惑与引导策略

部分学生在学习活动中表现出无所事事、无从下手的状态。深究原因，主要是学生缺乏跨学科自主学习经验，因此，教师应在如何选择实地调研对象、调查问卷的设计要素与实施方法、采访对象的选择与问题设计等方面为学生提供学习脚手架。

3. 学习拓展与创新思考

跨学科主题学习的目标主要指向学生的综合素养，尤其是迁移习得与创新创造的能力，活动止步于对"如何看待上海桥梁发展与社会变迁的关系"的阐释似乎太过浅表，应有进一步的拓展，比如"如果上海规划一座新的桥梁，如何选址更有助于上海城市发展？"

（二）创新之处

1. 以身边的历史激发学生自主学习的热情和家乡认同感

学生对于上海的"外婆桥"应是比较熟悉的，许多学生曾走过古镇石桥，有从外白渡桥钢架下穿行而过或在桥头驻足留影的经历，在杨浦滨江吹江风时抬头就见巍峨的杨浦大桥。但是多数学生都没有从桥梁发展的角度去认识不同水系在上海城市发展中的重要性，有意识地探索上海城市发展的时空变换。既熟悉亲切又陌生新颖的情境激活了学生持续的学习内驱力与情感共鸣。

2. 以桥梁折射水陆交通发展史实现初高中历史课程的衔接

《义务教育历史课程标准（2022 版）》首次提出"跨学科主题学习"的概念，其中一个主题就是"历史上水陆交通的发展"，即引导和组织学生梳理、概括不同历史时期水陆交通的建设与发展，对历史上水陆交通发展的问题进行综合探究。而高中历史选必课程《经济与社会生活》第五单元的学习主题是"交通与社会变迁"，要求学生在初中学习的基础上，进一步探究水陆交通与社会变迁的关系，实现初高中历史课程的衔接。

3. 桥梁建造技术的探究契合本校"工程素养"特色办学目标

本校办学特色是"工程素养"，为此开发了一系列工程素养培育综合实践体验课程，建设了工程体验馆、机器人实验室、环境工程创新实验室、数学建模与 3D 打印等一批创新实验室，为上海城市桥梁探秘课程的设计提出了要求，同时也提供了课程实施条件。

综上所述，"上海城市桥梁探秘"作为上海理工大学附属中学成功开发并实施的跨学科项目化学习案例，深度融合多学科知识，采用实地调研、工程实验等多样化教学方法，全面培养学生的综合素养。在课程实施过程中，虽然面临分组方案和学习引导等方面的挑战，但通过持续优化策略，在提升学生团队协作能力、系统思维水平以及历史学科素养等方面取得了显著成效。

展望未来,课程团队将致力于进一步完善分组机制,促进各小组的综合实践能力均衡化,从而为全体学生创造更加公平且优质的学习环境。教师将加强学习引导,为学生搭建更多有效的学习支架,助力他们在跨学科学习的道路上走得更加稳健、深入。项目还将积极拓展课程内容,引入城市新桥选址等具有现实意义和创新性的课题,激发学生的创新思维与实践能力。通过不懈努力,进一步深化工程素养的培养力度,为学生迈向未来,成为具备创新精神和卓越实践能力的高素质人才提供坚实支撑与强大动力。

(执笔人:上海理工大学附属中学　曹玲、苏魏、顾凌燕)

第二节　文化传承和创新

案例二:社区再造师　老楼新厅

"老楼新厅"是面向高一学生开展的跨学科综合实践活动,活动坚持人民城市理念,围绕定海街道隆昌大楼的闲置空间,运用艺术与设计思维开展改造,还涉及历史、生物、化学、信息技术和通用技术五门学科。学生将探索如何在有限的空间内进行"针灸式"微更新改造,营造居民睦邻共享共治的公共生活空间。课程不仅结合了多学科的知识与技能,而且通过真实的社区问题,培养了学生的实践能力,激发了创新思维和社会责任感。

一、学习目标

(一) 跨学科知识整合

通过将艺术这门主学科与历史、生物、化学、信息技术和通用技术相融合,学生能够在真实情境中运用多学科知识解决复杂问题。课程旨在培养学生的跨学科思维,帮助他们在面对实际问题时,能够从多个角度进行分析和解决。例如,学生将通过生物学知识检测环境中的微生物,通过化学知识制备消毒剂,通过历史和信息知识检索了解社区的历史变迁,通过艺术和通用技术设计并制作空间改造方案。研究表明,跨学科项目式学习能显著提升学生的知识整合能力与创新思维,尤其是在真实情境中,学生更易建立学科间的有机联系并形成具有系统性的解决方案。

(二) 实践创新能力

课程强调通过动手实践提升学生的创新思维和实际操作能力。学生将在课程中设计并制作微空间改造方案,从空间设计到模型制作、从微生物检测到消毒剂制备,每一个环节都要求学生具备创新意识和实践能力。例如,学生根据社区的历史文化背景、大楼居民的审美喜好设计具有文化内涵的空间布置。

(三) 团队协作能力

通过小组合作,学生将在团队中分工协作,共同完成项目任务。课程不仅要求学生具备独立思考和解决问题的能力,还要求他们能够在团队中有效沟通、协作,共同推进项目的进展。例如,学生在小组中分工合作,有的负责空间设计,有的负责微生物检测,有的负责消毒剂制备,有的负责模型制作,最终通过团队协作完成整个项目。

(四) 社会责任意识

通过社区参与,学生将深入了解社区的实际问题,并通过自己的设计为社区提供解决方案。课程旨在培养学生的社会责任感和公民意识,帮助他们从社区的受益者转变为社区的设计者和参与者。例如,学生将通过实地调研了解社区居民的需求,并通过设计改造方案为社区提供实际的帮助。社区参与式教育实践表明,学科知识与真实场景的结合能有效激发学生的社会责任感,使其从"知识接受者"转变为"问题解决者"。

二、目标厘定依据

(一) 学科核心素养

课程目标的制定基于各学科的核心素养。例如,高中通用技术学科的设计流程与艺术学科的创意实践与美术表现,为社区问题寻找到多元设计解决方案并制作小样;生物的"进化与适应观"要求学生能够通过微生物培养和检测,理解环境与生物之间的关系;化学的"证据推理与模型认知"要求学生能够通过实验设计和数据分析,理解物质的性质及其转化;历史的"时空观念"要求学生能够通过信息检索和史料分析,了解社区的历史变迁。

(二) 学情与学生发展需求

课程目标的制定还考虑了高一学生的认知水平和兴趣特点。高一学生正处于从初中到高中的过渡阶段,他们的认知能力逐渐从具体思维向抽象思维发展。在化学方面,学生已经学习了氯及其化合物的相关性质,知道了次氯酸及次氯酸盐可以用于杀菌消毒,但对于自制消毒剂的方法还比较陌生;在生物方面,高一学生已经具备一定的微生物学理论知识储备,但基本不具备微生物学相关实验操作技能,未形成无菌操作技术规范,这些都需要教师在课程中给予教授和指导;在高中通用技术课程中,学生已了解设计流程概况;初高中历史课程虽对上海乡土史缺少相应介绍，但学生具有相应时代及重大历史事件的背景知识，能够在时代框架下认识历史，感悟生活；在初高中美术课程中，学生掌握了一定的艺术表达方式；在历史与信息方面，学生对于社区历史沿革的调查方法和如何科学地进行信息检索还相对比较陌生。此外，学生对真实场景下的社区治理有比较高的关注，但大部分学生对社区微更新并不了解，对运用跨学科的方式进行社区服务设计的能力较为薄弱。

据课前的问卷调研与对课程的预期调研，83％的学生参与过社会实践活动；79％的学生希望从社区的受益者变成社区的设计者，参与到社区的真实项目中；几乎所有学生都希望把所学到的知识应用到现实场景中，并且都能基于目前的社区状况做出自己力所能及的贡献。课程的开发与设计符合学生的发展需求，也更有利于强化学生的职业志向。

（三）社区实际问题

课程目标的制定紧密结合了隆昌大楼的实际问题。隆昌大楼作为一座有着30多年历史的老楼，存在物质老化、社区结构复杂等问题。课程通过微更新改造，帮助学生理解社区问题的复杂性，并通过跨学科的方式提出解决方案。

三、学习内容

在有着百年历史的定海路街道，隆昌路60号坐落着建于20世纪90年代初的第一批新式电梯房隆昌大楼。经历了定海的全面旧改，拥有30多年房龄的隆昌大楼也存在着较为突出的物质老化现象。同时伴随着城市社会变迁的历程，社区内部的结构关系日趋复杂，带来了楼道堆物、日常维护与修缮更新等诸多问题，而且由于居民老龄化严重，居民的经济水平相对较低，社区共识性下降，自我更新能力日益减弱，集体合作意愿不高。

"社区再造师　老楼新厅"跨学科主题课程探讨的是如何与05后高中生一起在有限的空间环境里，进行微更新改造，在条件有限的情况下，植入相对合理的硬件设施，营造可还原的居民睦邻共享客厅，为居民提供更美观的公共生活空间。六门学科针对这一真实情境与问题，进行统整与板块划分：（生物）首先通过微生物培养法检测闲置空间是否存在致病菌落——（化学）通过自制家用消毒剂对此空间进行消杀——（生物）通过微生物培养皿检测致病菌群是否被清除——（历史与信息）从杨浦路名看百年市政建设，通过科学信息检索方式了解定海的前世今生，为睦邻会客厅微更新赋予文化层面的思考——（美术）增加微空间设计再造的审美体验，小组头脑风暴出多个设计方案——（通用技术）挑选适切方案中的部分物件进行建模、3D打印打样——（美术与信息）完成路演展示稿与小组会客厅模型小样。

本项目针对隆昌大楼公共电梯井区域的闲置空间，进行微更新提升改造，尽量利用社区现有资源，以最小干预的方式，对现有要素进行重组，将六门学科的核心素养体现在真实任务中，并在学生成果提案落地后为大楼的公共空间打开新的格局，带动新的功能。此模式也为后续进行无论是社区还是学校的闲置空间改造提供了更多思路与可能性。

(一) 艺术

学生将设计微空间改造方案,提升审美体验。课程将教授学生如何通过头脑风暴和小组讨论,提出多个设计方案,并通过三维建模和 3D 打印,制作空间改造模型。例如,学生将学习使用草图绘制工具进行空间设计,并通过三维建模软件将设计方案转化为数字模型。

(二) 生物

学生将通过微生物培养法检测闲置空间的病菌并设计消毒方案。课程将教授学生如何采集环境样本、进行微生物培养、检测病菌种类,并根据检测结果设计合理的消毒方案。例如,学生将学习使用培养基进行微生物培养,通过显微镜观察病菌种类并据此设计相应的消毒方案。

(三) 化学

学生将自制家用消毒剂,进行空间消杀。课程将教授学生如何通过化学反应制备次氯酸钠消毒剂,并理解其化学性质和消毒原理。学生还将学习如何根据消毒剂的性质,制定合理的使用方法和注意事项。例如,学生将学习通过电解饱和食盐水制备氯气,并通过氯气与氢氧化钠反应制备次氯酸钠。

(四) 历史与信息技术

学生将通过信息检索了解定海街道的历史变迁,为微更新赋予文化内涵。课程将教授学生如何通过科学的信息检索方法,获取定海街道的历史资料,并通过数据分析,梳理社区的历史脉络。例如,学生将学习使用搜索引擎和知网数据库进行信息检索,并通过数据分析工具对历史资料进行整理和分析。

(五) 通用技术

学生将通过三维建模和 3D 打印,制作空间改造模型。课程将教授学生如何使用三维建模软件,设计空间布局,并通过 3D 打印机制作模型,为空间改造提供可视化方案。

四、学习过程与评价

(一) 项目启动

课程的第一阶段是项目启动,通过破冰游戏和"社区构建大作战"等活动,激发学生对社区微更新的兴趣。教师将介绍课程的整体设置,帮助学生理解城市更新实践的意义。学生将通过模拟社区构建的游戏,初步了解社区营造的概念。例如,学生将通过模拟社区构建的游戏,了解社区的基本结构和功能,并通过小组讨论提出初步的改造方案。

(二) 学科知识学习

在项目启动后,各学科教师将分别讲授相关知识和技能。例如,生物教师将教授学生如何使用培养基进行微生物培养;化学教师将教授学生如何通过化学反应制备消毒剂;历史与信息技术教师将教授学生如何使用信息检索工具获取历史资料;美术教师将教授学生如何进行空间设计;通用技术教师将教授学生如何使用三维建模软件进行空间布局设计。

(三) 实践操作

在掌握相关知识和技能后,学生将分组进行实践操作。例如,生物小组将采集环境样本并进行微生物培养;化学小组将通过化学反应制备消毒剂;历史与信息技术小组将通过信息检索工具获取历史资料并进行数据分析;美术小组将通过草图绘制进行空间设计;通用技术小组将通过三维建模软件进行空间布局设计并通过3D打印机制作模型。

(四) 方案设计与展示

在实践操作的基础上,学生将设计微空间改造方案,并通过路演展示成果。每个小组将根据各自的学科背景,提出不同的设计方案,并通过PPT和模型展示,向社区居民和行业专家汇报,最终挑选可实操部分进行孵化与落地。例如,生物小组将展示微生物检测结果和消毒方案;化学小组将展示消毒剂的制备过程和使用方法;历史与信息技术小组将展示社区历史变迁的分析结果;美术小组将展示空间设计方案;通用技术小组将展示三维建模和3D打印的模型。

图 5-1 学生针对座椅与空间进行的设计说明

图 5-2 老楼新厅蜕变过程

图 5-3 细节改造展示

表 5-6 学习过程

学习任务	课时	学习活动	学习支持	学习评价
任务一：定海启示录：一座工人新城的过去、现在与未来（美术）	2	通过教师介绍，学生了解整体课程设置，共同探讨城市更新实践的意义。通过"模拟社区构建大作战"等游戏化学习活动提升学生参与度。学生分组扮演不同利益相关者（居民、规划师、政府官员等），围绕"高密度老旧社区公共空间提质"等真实性问题展开探讨，评估方案可行性，增加对社区营造的认知。	资源包：发放预习资料（纪录片链接、本地城市更新政策摘要），帮助学生建立背景认知。"模拟社区构建大作战"工具包：角色卡（居民、设计师、政府人员等）+道具（贴纸、积木、空白社区地图）。任务清单（"解决停车难问题""保留老建筑文化"等），引导讨论方向。	观察量表（教师用）： 　　　　评分 指标　　　备注 　　（1—5分） 游戏参与积极性　　是否主动提出想法/担任角色提出的建议 思维发散性　　是否多样、有创新性 团队协作能力　　倾听、整合他人意见的表现 学生自评表（课后填写）： "我贡献了_____点子，最满意的是_____。""通过活动，我对城市更新有了_____新认识。"

第五章　跨学科主题学习典型案例

续 表

学习任务	课时	学习活动	学习支持	学习评价
				观察量表(教师用):小组方案展示评分(师生共同评价):可行性(30%):是否考虑成本、政策等现实因素;创意性(25%):解决方案是否新颖;人文关怀(25%):是否关注弱势群体需求;展示效果(20%):逻辑清晰度、视觉化呈现。
任务二:百年工业·社区新生:杨浦市政变迁与定海重构(历史与信息检索)	2	以杨浦百年工业文明为脉络,聚焦定海路街道的空间转型与社会重构,通过"历史解码-社区深潜-未来共创"的三维探索,打造一场连接工业记忆与当代生活的城市叙事。通过杨浦路名的政治地理学解读,到复兴岛创意市集的社会学观察,再到定海449弄改造的参与式设计,运用空间句法分析、口述史采集等研究方法,深度解构"工业遗产活化"与"社区韧性培育"的共生机制。	"时空穿越"工具包:20世纪20年代杨浦工业区电子地图、2023年定海路街道分布图。跨界专家智库 线上学习合集:同济大学城市规划师解读《杨浦滨江南段城市设计》;社会学家讲授"工人新村文化""定海449弄改造"。	《路名小档案》报告(图文结合,至少3个杨浦路名分析)(满分10分):有老照片/地图对比(5分);写出路名和工厂的关系(3分);提出保护建议(2分)。《社区发现笔记》(满分10分):拍1张老房子照片+写它的故事(4分);采访1位居民(记录他们对改造的看法)(4分);画出理想中的街角改造草图(2分)。
任务三:定海老楼消杀备忘录:氯的复兴与空间重生(化学)	2	在模拟"定海老楼电梯厅"场景中,学生预测并验证 NaClO 的漂白性、氧化性及不稳定性,探究浓度/温度对效果的影响。分析449弄老房子消毒案例,制定家庭消毒剂配方(如 500 mg/L 有效氯溶液),并创作《定海牌消毒剂使用说明书》(需含注意事项漫画)。	配备安全型迷你实验箱(含红墨水模拟污染物、pH 试纸、恒温水浴)、实验室安全指引;提供社区消毒真实数据、消毒剂配制计算器、居民访谈录音。	通过实验报告(数据准确性40%)、性质预测逻辑(30%)和风险防控意识(30%)综合评定。根据说明书科学性(40%)、生活适配度(30%)和创意表达(30%)评分。
任务四:微生物抑菌志:自制消杀剂对环境微生物抑制效果检测(生物学)	2	(1)理论学习与技能训练 学习微生物学基础;练习无菌操作技术(划线分离、涂布平板、培养基制备等);掌握消毒剂作用原理及浓度梯度设计方法。(2)实验设计与方案优化 分组讨论环境微生物抑制的关键问题(如消毒剂选择、浓度范围);设计实验方案(变量控制、对照组设置、重复实验等)并小组互评完善。(3)实验操作与数据分析 规范操作实验;记录菌落生长情况;统计分析数据,验证假设。	资源支持:提供微生物菌种、培养基、消毒剂等实验材料;实验操作视频(如无菌操作演示)。工具与方法指导:示范关键操作(如稀释涂布法、抑菌圈测量)。	实验方案设计的科学性(权重30%,评价变量控制、可行性);实验操作的规范性(权重20%,如无菌操作、数据记录);小组合作表现(权重10%,讨论贡献、任务分工)。

续 表

学习任务	课时	学习活动	学习支持	学习评价
任务五：老楼再生志：社区公共艺术的记忆重构与空间激活（美术＋通用技术）	3	艺术视角分析案例：观看上海城市空间艺术季案例，分析艺术家如何用视觉语言（色彩、构图、材料）转化社区问题。社区调研与艺术记录：学生分组拍摄/手绘社区老楼"问题点"（如昏暗楼道、废弃角落），用拼贴、速写、摄影等形式制作"问题地图"。头脑风暴与方案设计：基于"问题地图"，小组提出艺术改造方案，需包含：视觉呈现形式；居民参与环节。教师引导思考："艺术如何降低参与门槛？"方案可视化表达：利用通用技术建模、手绘效果图或数字拼贴图（根据学生能力选择）。对比"一次性艺术节"与"可持续更新"，讨论如何用低成本材料（如可水洗涂料、再生材料）延长作品生命。	视觉化工具包：提供案例库（上海艺术季图片、国内外社区艺术项目视频）；材料清单参考（环保涂料、废旧物品再利用指南）；简易设计工具（Canva海报模板、SketchUp免费版）。分层任务单：基础任务：完成一组"问题-艺术对策"对比图。进阶任务：设计包含居民参与环节的完整方案。Canva/CollageApp：用拼贴合成"改造前后对比图"，适合艺术改造快速可视化。	过程性评价：技术合理性（30%）：模型是否符合建筑基础规范；材料选择是否匹配真实场景。艺术—技术转化力（40%）：建模是否准确还原手绘方案的艺术意图（如曲面造型实现度）；协作贡献（30%）：在技术—美术组对接中的沟通顺畅程度。成果性评价：模型展示效果：静态空间效果图对比改造前后；方案可行性报告（附加分）；用模型数据估算成本（如墙面彩绘面积与涂料用量）；可持续设计：模型中标注可回收材料占比。

五、实施成效

（一）以生为本，激活学生创造力，参与社区自治

打造了"社区再造师　老楼新厅"作为定海区域自治样板间。近6年来由"社区再造师"课程产生的文创成果，获得了杨浦区基础教育教学成果一等奖，多批学生获得上海市创客新星大赛比赛一等奖、最佳人气奖，社区议题视频入选市教委主办、《新闻晨报》承办的未来媒体人大赛。

（二）成果丰硕，广受专家认可

完成校本指南1本，发表了《创意与可持续发展"文创＋社区"新范式——控江中学文创中心定海社区文创项目化实践》《"社区摄影师"高中艺术单元课程的开发与实践》论文2篇，对教学模式、课程体系、教学评估机制进行了充分总结。

（三）媒体关注，社会反响强烈

"社区再造师"课程激活了学生创造力，主动构建了跨学科知识体系，作为文创项目化教

学实践案例,其过程与成果都受到了社会广泛关注:受邀参加东方卫视《课外有课》专栏采访录制,被《新民晚报》《上海教育》等知名官方媒体报道,被上观、澎湃新闻、今日头条、青春上海、第一教育等主流媒体采访报道,共涉及报道近20篇。社区管理者对于文创社区课程给予了大力支持,定海路街道协助举办学生路演3次,并进行了公开展示,获得社区管理者与居民的一致好评。

(四) 推广辐射,示范作用明显

"社区再造师"课程在控江教育集团中得到推广应用。应杨浦区国际交流服务中心、平凉路第三小学、民办交中初级中学、虹口区教育学院附属中学等校邀请,就学生参与社区共建共治的开展与心得做专题交流。

六、反思与总结

(一) 教后反思

1. 核心素养的落实

本次课程以"中国学生发展核心素养"为指导,注重价值观塑造、跨学科能力培养及学习方式的转变。学生在真实社区场景中应用知识,解决复杂问题,体现了从"学科知识"到"实践能力"的转化。但在实施过程中,部分学生对跨学科联动的适应性较弱,需在后续课程中加强学科整合的引导。

2. "玩学合一"的实践效果

课程结合学校"玩学合一"的特色,通过"社区再造师"项目激发学生兴趣,提升了自主学习与实践创新能力。然而,部分学生在"玩"与"学"的平衡上仍有不足,需进一步优化任务设计,确保趣味性与知识性的深度融合。

3. 教师角色的转变

教师从传统的知识传授者转变为学习引导者,通过线上线下结合的方式支持学生探究。但在项目初期,部分教师仍习惯主导课堂,需加强"以学生为中心"的教学策略培训。

4. 社区资源的利用

课程充分利用隆昌大楼的闲置空间,以"最小干预"原则进行微更新改造,锻炼了学生的资源整合能力。但由于社区条件限制,部分创意方案未能完全落地,未来可提前与社区进行更深入的沟通,提高可行性。

5. 学生素养的提升

学生在责任担当、沟通协作、创新实践等方面均有显著进步,尤其在提案落地后收获了成就感。但部分小组在问题分析深度上仍有欠缺,后续可增加案例学习,提升批判性思维。

(二) 创新之处

1. 真实场景下的跨学科学习

该跨学科学习突破传统学科界限,将艺术、生化、通用技术等六门学科的核心素养融入"老楼新厅"改造任务中,让学生在真实问题中综合运用知识,培养系统性思维。

2. "社区即课堂"的课程模式

将社区作为实践基地,打破校园围墙,使学习与社会发展直接关联。这种模式不仅提升了学生的社会参与意识,也为社区更新提供了新思路。

3. "玩学合一"的课程设计

通过文创项目激发学生兴趣,将严肃的学习任务转化为可操作的创意实践,如空间设计、文化策展等,让学习过程更具吸引力和成就感。

4. 最小干预的可持续改造理念

课程强调"利用现有资源、重组要素"的微更新策略,既培养了学生的环保与成本意识,也为社区闲置空间改造提供了可复制的低成本方案。

5. 成果落地的闭环学习

学生提案并非停留在纸面,而是真正推动了老楼公共空间的改造,形成了"学习—实践—反馈—优化"的闭环,增强了学习的社会价值感。

6. 可推广的课程范式

本项目为学校与社区协同育人提供了范例,其"学科融合＋真实问题＋最小干预"的模式可迁移至其他闲置空间更新或社会创新课题中,具有较高的推广价值。

本次课程在核心素养落地、学习方式变革及社区联动上取得了突破,未来可在跨学科深度、教师指导策略及社区合作机制上进一步优化,形成更成熟的实践课程体系。

(执笔人:上海市控江中学　王独伊)

案例三:体验竹编之趣

本案例以项目化的真实情境问题链为引领,在实践探究中融合劳动技术、艺术、历史、道德与法治等多学科核心素养培养目标,在活动中锻炼劳动能力、涵养审美情趣、感悟历史文化、提升思辨能力。

一、学习目标

总目标:综合运用劳动、艺术、历史、道德与法治等学科知识和多方面经验,通过探寻竹编的前世今生，知道竹编是什么、从哪里来、有什么用；通过学习竹编的制作工艺，尝试以小组合作的形式制作一把小竹扇；通过思考竹编的传承发展，了解竹编等非遗文化的现状，为传承发展非遗文化建言献策。

1. 通过对资料的检索、阅读与分析，知道传统竹编工艺的悠久历史，知道箩、筐、篓、箕、斗笠等常见竹编日用品的用途，认同竹编是我国古代劳动人民辛勤劳作的结晶，认识到劳动是推动人类社会进步的根本力量。

2. 通过对视频讲解与教师示范的模仿，以小组为单位，合作设计并动手制作一把小竹扇，增强团队合作意识，体悟劳动的艰辛与乐趣，树立劳动光荣的观念。能对劳动过程与结果进行反思和总结，提高创造性劳动能力与合作能力。

3. 通过对资料的搜集与分析，知道国家和上海本地的非遗竹编技艺及其传承人，弘扬爱岗敬业、甘于奉献的劳模精神和精益求精、追求卓越的工匠精神。了解以传统竹编工艺为代表的非物质文化遗产发展现状及遇到的困境，形成调查报告，为非遗传承与创新发展建言献策。

二、目标厘定依据

(一) 课程引领

2020年3月，中共中央、国务院《关于全面加强新时代大中小学劳动教育的意见》指出：劳动教育是中国特色社会主义教育制度的重要内容，直接决定社会主义建设者和接班人的劳动精神面貌、劳动价值取向和劳动技能水平。根据教育目标，针对不同学段、类型学生特点，以日常生活劳动、生产劳动和服务性劳动为主要内容开展劳动教育。[1] 教育部，共青团中央发布的《全国少工委关于加强中小学劳动教育的意见》中指出：各地各校可结合实际在地方和学校课程中加强劳动教育，开设家政、烹饪、手工、园艺、非物质文化遗产等相关课程。[2]

(二) 课标引领

1. 历史课标要求与第一块学习任务

历史学科的核心素养目标为："认识劳动在人类社会发展中的重要作用"(唯物史观)。"将事件、人物、现象等置于历史发展的特定或总体进程及具体的地理空间中加以考察，并从历史发展的角度认识其地位和作用"(时空观念)。"了解并认同中华优秀传统文化"(家国情怀)。

---

[1] 中共中央、国务院. 关于全面加强新时代大中小学劳动教育的意见[EB/OL]. (2020-3-20)[2025-01-18]. https://www.gov.cn/zhengce/2020-03/26/content_5495977.htm.

[2] 教育部、共青团中央、全国少工委. 关于加强中小学劳动教育的意见[EB/OL]. (2015-07-20)[2025-01-18]. http://www.moe.gov.cn/srcsite/A06/s3325/201507/t20150731_197068.html.

基于此，我们设置了"探寻竹编的前世今生"这一活动作为第一块学习任务，从时间和空间的维度破解"竹编是什么""竹编从何而来""竹编有何用"等问题，引发学生对竹编的探索兴趣。

2. 劳技、艺术课标要求与第二块学习任务

劳技学科的核心素养目标为："能使用常用工具与基本设备，采用一定的技术、工艺与方法，完成劳动任务，形成基本的动手能力"（劳动能力）。"在集体劳动中团结协作，提升与他人合作劳动的能力"（劳动习惯）。学段目标中，明确了第四学段（7—9年级）要进一步体验种植、养殖、手工制作等生产劳动，根据劳动任务选择合适的工具材料、技术与方法，安全、规范、有效地开展劳动，初步养成持之以恒的劳动品质。适当体验金工、木工、电子、陶艺、布艺等项目的劳动过程，体会其中蕴含的独特智慧和人类创造力。

艺术学科核心素养目标为："感知、发现、体验和欣赏美，提升审美感知能力"（审美感知）。"综合利用多学科知识，紧密联系生活，进行艺术创新和实践应用"（创意实践）。

基于此，我们设置了"体验竹编的制作工艺"这一活动作为第二块学习任务，从模仿迁移到动手实践的角度破解"竹编如何制作"的问题，在实践中锻炼学生的动手能力、团队协作能力与审美情趣，从而领略劳动的乐趣。

3. 道德与法治课标要求与第三块学习任务

道德与法治学科的核心素养目标为："初步了解中华优秀传统文化的主要代表性成果"（政治认同—家国情怀）。"能够遵守社会规则和社会公德，依法依规有序参与公共事务，具有公共意识和公共精神"（责任意识）。

基于此，设置"思考竹编的传承发展"这一活动作为第三块学习任务，从思辨与现实关怀的角度着力培养学生运用所学知识与技能在真实情境中发现问题的意识，以及分析问题、解决问题的能力。

（三）现实考量

1. 国家级非遗的发展历程与发展困境

竹编是用毛竹或小野竹剖成竹条和篾片，编制生活用品和观赏性陈设品的一种手工编制技艺，它是我国传统的手工艺，具有深厚的历史底蕴，已被列入国家级非物质文化遗产名录。随着社会文明的向前发展，竹编艺术从用竹编制生产生活用品，发展到用竹编制人物书画艺术品，用竹编制成高档竹工艺品、竹家具等，在不断创新中得到升华。虽然曾经辉煌无限，但近些年竹编却陷入了无人问津的境地，在发展的道路上困难重重，只有社会各界不断探索和努力，找到竹编在现代社会的立足点，才能将这门优秀的技艺长久地传承下去。[1]

2. 地方特色

竹编制品不仅具有实用价值，更具有观赏价值，深受百姓喜爱。竹编工艺取材于自然，

---

[1] 邹玉洁.复兴之路漫漫——竹编工艺的传承与创新[J].上海工艺美术，2017：80—82.

融入了中华传统文化,具有较强的乡土气息。我国南方各地区都有本土竹编工艺,上海地处江南水乡,竹资源丰富,竹编技艺可追溯至明清时期。上海的竹编工艺早期以实用器具为主,如竹篮、竹筐、竹席等,服务于农耕和日常生活,近代开埠后,竹编工艺吸收西方设计元素,逐渐发展出兼具实用性与观赏性的工艺品,成为"海派文化"的代表之一。

上海本地非遗文化资源丰富,上海松江的叶榭竹编工艺已有上千年的历史。竹编工艺制作兼具自然美、艺术美、生活美、社会美,它来源于日常生活,更应回归于当代生活。

上海竹编技艺虽不如其他地区声势浩大,却以精巧、实用和包容性承载着江南水乡的记忆与海派文化的创新精神。在当代,它正通过设计转化与文化赋能,悄然融入都市生活,成为传统手工艺复兴的生动案例。本土竹编非遗技艺不仅具有深厚的文化内涵,而且具有较大的创新空间,是学生开展手工劳动体验的重要素材。

3. 学校跨学科市级课题支撑

在我校已立项的市级课题"促进跨学科学习的学校支持体系建构与应用研究"的引领与指导下,确立了"体验竹编之趣"的主题,将竹编制作纳入我校"妙竹生趣"跨学科创智课程。

跨学科主题学习不应只是停留在理念层面,更要在学科课程中以跨学科主题学习活动的形式践行。将竹编制作纳入劳动课程,不仅能在实践中锻炼劳动能力,培育劳动精神,还能在学习了解竹编历史的过程中,加深对中华优秀传统文化的认同。在此基础上,通过探讨非遗文化产品在当下社会传承的现状、困境与出路,了解非遗文化的复兴非一朝一夕而成,更深刻地理解以竹编为代表的非遗文化中蕴含的深厚的生活智慧和巧妙古朴的造物观念,使这门技艺长久地流传下去。

三、学习内容

"体验竹编之趣"跨学科学习主题为跨学科校本创智实践课程《妙竹生趣》七大主题之一,主题学习需整合劳动技术、艺术、历史、道德与法治等多学科知识与技能,主要面向七年级学生。本主题依据《义务教育课程标准(2022年版)》进行整合、重构,形成跨学科学习主题,并以项目化方式开展。

三个任务板块紧紧围绕着"体验竹编之趣"的统领性任务,依照"竹编是什么—竹编如何制作—竹编如何发展"的逻辑依次展开,历经从理论到实践到思辨的三大阶段。

任务一:以时间为线索梳理竹编发展的历史脉络,通过对图片、照片、视频、典籍等不同类型材料的展示与解读,介绍竹编历史演进的过程,探寻竹编的前世今生,从而了解竹编的历史悠久、竹编用途的多样丰富、不同时代竹编发展特点的多彩灿烂,致力于解决"竹编是什么"的问题,重理论。

任务二:通过教师示范、视频讲解的方式介绍现代竹编的基本制作工艺,了解竹篾片和竹编制品的基本制作流程,通过小组合作尝试动手制作一把小竹扇,致力于动手解决"竹编如何制作"的问题,重实践。

　　任务三:先通过资料阅读了解以竹编为代表的非遗发展现状及遇到的困境,通过头脑风暴,集思广益,为非遗的保护、传承与创新建言献策,致力于解决"以竹编为代表的非遗现状如何""竹编与非遗如何发展"等问题,重思辨。主题学习的内容架构设计如图5-4所示。

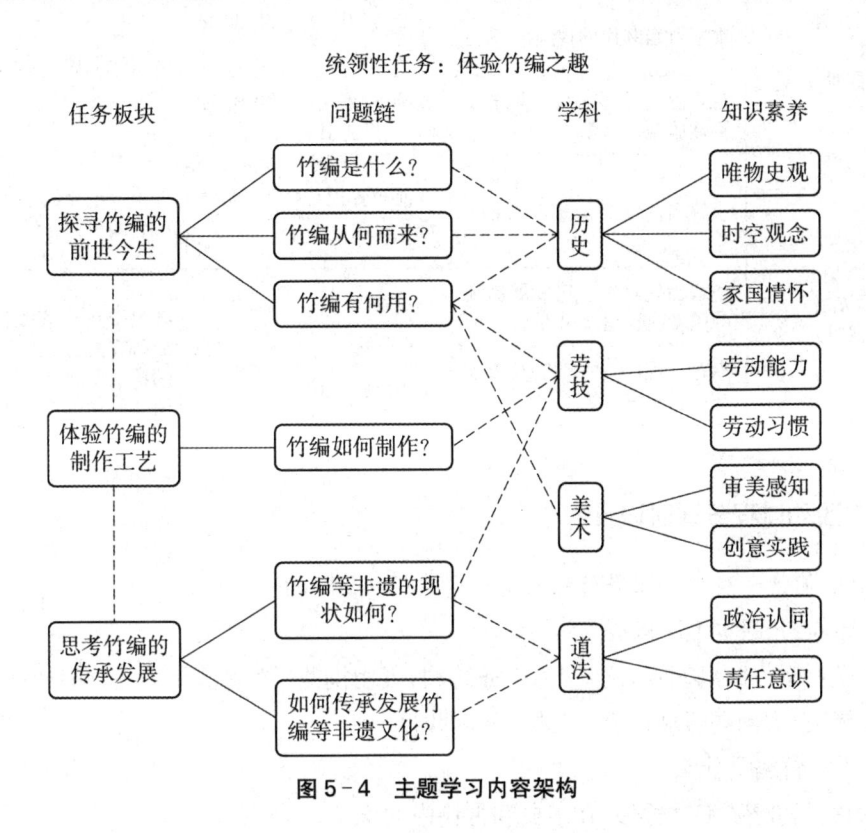

图5-4 主题学习内容架构

四、学习过程与评价

(一) 学习过程与评价示意表

表5-7 学习过程与评价示意表

学习任务	学习活动	学习支持	学习评价
任务一: 探寻竹编的 前世今生 (2课时)	了解竹编的起源和用途 了解不同时期竹编发展的特点	播放介绍竹编的演示文稿	课后完成《竹编的前世今生学习单》,检验学习成果

第五章　跨学科主题学习典型案例　　93

续　表

学习任务	学习活动	学习支持	学习评价
任务二： 体验竹编的 制作工艺 （3课时）	欣赏现代竹编制作工艺	介绍竹编制作工艺的演示文稿	能简要复述制作工艺步骤
	观看竹扇制作的视频	竹扇制作分步骤讲解视频	分组交流展示手工作品并分享心得体会
	观察教师示范，小组合作动手体验制作竹扇	教师示范，提供竹篾材料，辅助工具自备	
任务三： 思考竹编的 传承发展 （3课时）	了解当代竹编非遗发展现状	课前布置预习任务，提供部分资料	课上分组介绍展示，填写《传统竹编技艺介绍》
	了解当代竹编非遗发展遇到的困境并提出解决方案	提供相关案例	各组选派代表发言阐释，形成研究报告，填写《思考竹编的传承发展》
	集思广益，为非遗保护、传承与创新建言献策	组织分组讨论	

（二）活动过程分课时设计

1. 竹编是什么？——探寻竹编的前世今生（1—2课时）

（1）导入：介绍本主题构成

本主题活动以"体验竹编之趣"为任务统领，紧密围绕"竹编是什么—竹编如何制作—竹编如何发展"三大问题开展探究。（共4—6课时）

（2）了解竹编是什么

出示材料，介绍"编""竹编"在字典和古籍中的含义。

试一试：通过对字典与古代文献的解读，用自己的话说说竹编的定义。

（3）了解竹编从何而来

观看竹编发展动画短片，思考视频中出现了哪些不同的历史时期，判断依据是什么，竹编分别在其中发挥了怎样的作用。

观察出土竹编文物的图片，分析古代竹编制品的用途——用于盛放食品和水的器皿。

分析古代先民想获取稳定的食物来源需具备的技术条件——人工栽培农作物的出现，开始定居生活。

猜想竹编最早起源于古代哪一时期——新石器时代。

（4）竹编的现代用途

列举带有竹字头、竹字旁的汉字，如笼、箩、筐、篓、箕、笠等。

观察图片，归纳竹制品的用途——盛器、洁器。

(5) 了解不同历史时期竹编发展的特点

结合图片,阅读材料,了解不同历史时期竹编发展的特点,完成下表。

表5-8 竹编的前世今生学习单

第_____小组 姓名_____ 学号_____

学习内容	学习成果
竹编的词义	1. 查阅现代字词典和古代文献,用自己的话说说竹编的定义:_____
竹编的起源	2. 结合所学,简述竹编的起源:_____
竹编的用途	3. 笋、筐、篓、箕、笠等字上方的"竹"字头暗示着这些物品的材质。据此,请说说竹编的用途(至少两条):_____
不同时期竹编发展特点	4. 具体介绍某一历史时期竹编发展的特点,可供选择的时期有:人类开始定居生活的时代(新石器时代)、夏商时代、春秋战国时代、秦汉时期、隋唐时期、宋元时期、明清时期、20世纪50年代、现代等。 时期: 特点:
小组任务	组长召集组员查阅资料,通过PPT、视频、讲解等方式,介绍一类竹编技艺的历史或制作工艺,完成该表,下周上课交流。
小组名称	
介绍内容	_____(竹编技艺名称)的□历史/□制作工艺
组内分工	组员姓名	主要负责工作

新石器时代:同样始于新石器时代的陶器,它的形成与竹编的编制密切相关。先人在无意中发现涂有黏土的容器在经火烧过后不易透水,可以盛放液体,于是以竹藤编制的篮筐作为模型,再在篮筐里外涂上糊泥,制成竹藤胎的陶坯,在火上烘烤制成器具。后来人们直接用黏土制成各种成形的坯体,就不再使用竹编编织,但是还是对竹藤几何图形十分喜爱,便在陶坯半干状态时在其表面拍印上模仿篮、筐、席等编织物的纹样作为装饰。

夏商时期：夏商以来，竹编纹样日渐丰富。陶器和青铜器的印纹上出现了方格纹、米字纹、回纹、波纹等纹饰。

春秋战国：到了春秋战国时代，竹的利用率得到扩大，竹子的编织逐步向工艺方面发展，竹编图案的装饰意味越来越浓，编织也日渐精细。战国时期的楚国编织技法也已经十分发达，出土竹编制品种类繁多：竹席、竹帘、竹笥（即竹箱）、竹扇、竹篮、竹篓、竹筐等有近百件。

隋唐时期：竹编及其图案的设计灵感不仅能作为礼器和祭器的装饰，也被能工巧匠们制成各式各样的文娱用品。隋唐以来，精巧的竹花灯、有趣的竹马戏等竹编制成的文娱用品开始在民间兴起，一直流传至今。

明清时期：竹编的用途进一步扩大，编制越来越精巧，竹编技艺在进一步发展的过程中开始与漆器、瓷器技艺相融合，创制了不少上档次的竹编器皿。

20世纪50年代：经过近代的挫折，竹编技艺逐渐复兴。20世纪50年代以后，竹编艺术开始名正言顺地归入工艺美术行业，进入了艺术的殿堂，技艺高超的竹编艺人也大量涌现。

现代：如今，竹编工艺渐渐失去市场竞争力，其编制技艺成了"非物质文化遗产"。然而，也有不少竹编艺术家们仍在孜孜不倦地追求新的艺术，新的作品在缓缓冒尖。

(6) 分组

每4—6人为一组，每班不超过10组，以小组为单位完成后续活动。强调小组合作的原则：共同参与，取长补短。

(7) 下一板块活动预告

预告下节课将以小组为单位制作竹扇，竹篾片由学校统一提供，组内准备好剪刀、胶水、画笔、颜料等辅助工具。

2. 竹编如何制作？——体验竹编的制作工艺(2—3课时)

(1) 了解竹编制作工序

观看介绍视频，了解刮青、晒竹、分丝、编织这四个独特而关键的竹编制作步骤的工序与作用。

(2) 竹扇编织准备

每组领取竹篾片50根(竹篾片规格：宽0.8厘米，厚0.5厘米，长30厘米)，包边条一根(包边条规格：宽2厘米，长1米)。

自备各类胶水、胶布用于固定篾片和包边条的位置(纳米胶、美纹胶等无痕胶，带效果更佳)，可选用直尺方便挑压操作。

剪刀、白纸、笔，用于画出扇面形状后剪裁。

*各类画笔、颜料，以及流苏等饰品用于上色、美化。

(3) 竹扇编织学习

观察教师示范，结合图示，动手尝试入门编法：挑一压一法。

观看视频,仔细观察编织顺序及花纹排布,学习编织竹扇的编法:挑二压二法。组内每位同学都尝试完成至少一组(横 4 纵 4)的编织。

(4) 竹扇编织体验

观看视频,结合图示和讲解,分步骤尝试完成竹扇编织。

挑选材料:从 50 根竹篾片中选出 40 根材质较好,毛边较少,长度均匀的,作为编织的经材和纬材,其余 10 根辅助备用。

放置经材:将 20 根篾片作为经材竖着平铺在桌面上,两端对齐,左右贴紧,并用胶布将经材末端暂时固定。

放置纬材:将 20 根篾片作为纬材,与经材互相垂直。用挑二压二法,在第奇数根纬材穿过经材时,先挑起连续两条经材在上,再压住相邻的两条经材在下。第偶数根纬材穿过经材时,先压住相邻的两条经材在下,再挑起连续两条经材在上。总之,纬材压住或挑起的经材,与相邻的纬材相反。可使用直尺辅助,将相邻的纬材紧密编在一起,减小缝隙。

裁剪扇面:在白纸上画井剪下扇面的形状。把扇面纸片放在竹编中央,用笔勾勒出轮廓。将胶布贴在扇面轮廓上,并将胶布外围的多余篾片剪去。

扇面包边:将胶水涂抹在布制包边条上给竹扇包边。

收尾工作:将一到两根备用的竹篾片从竹扇中部的两条纬材中穿过,折成合适大小作为扇柄。再给竹扇上色或装上饰品,一把竹扇就完成了。

(5) 交流展示

分组展示竹扇成品照片,交流收获体会。

*学有余力的同学可尝试用额外的篾片完成各类进阶编法。

(6) 竹编技艺介绍及创新

以小组为单位,通过网络搜索、实地走访等方式,介绍一类我国传统竹编技艺的历史与制作工艺,完成下表并在班内分享交流。交流时着重介绍该技艺的历史沿革吸引本组的兴趣点、该技艺的技术特点,以及受此启发本组设计的竹编作品表现形式。

表 5-9 传统竹编技艺介绍

第___小组	小组名称:_____	组长:_____
组员:_____		
竹编技艺名称:_____		所在地区:_____
竹编技艺历史沿革:		
竹编技艺艺术特点:		

续 表

本组设计的竹编作品表现形式：
示意草图：

3. 竹编如何发展？——思考竹编的传承发展（1课时）

（1）小组交流

结合表5-9探索成果，各小组上台交流介绍竹编技艺的历史或制作工艺。

（2）了解本土特色竹编的发展困境

结合材料，了解上海松江叶榭竹编的发展状况与困境。

上海松江叶榭竹编工艺源远流长。五代后周时期，华亭县盐铁庄，也就是如今的叶榭镇团结村，有一户姓陈的竹编世家，其竹刻、竹编皆为吴越国贡品，使得叶榭的竹编工艺蜚声遐迩。

聪慧的叶榭后人将竹编工艺代代相传，并发扬光大。制作的生产工具精致耐用，生活用具丰富多彩，娱乐道具更是活灵活现，深受人们喜爱。松江叶榭竹编于2013年被列入松江区第四批非物质文化遗产名录。

2010年上海世博会举办期间，叶榭竹编还走进了世博园，以现场巧手编织的方式，向世人展示江南民间精湛的竹编技艺。

在公共参与馆，游客可看到叶榭竹编。其中既有传统的带有福禄寿喜字样的针线篮，也有憨态可掬的海宝。两位来自叶榭的竹编能手还现场表演了竹编技艺。

如今，具有自然生态本色的叶榭镇民间竹编工艺被赋予了现代文化的色彩，在不断丰富农耕文明、田园文化的同时，也吸引着人们走进新时代的"低碳"生活。

为了将叶榭竹编传统技艺传承下去，叶榭镇近年建立竹编培训基地，启动竹编传承人带徒活动，由唐正龙、俞水林、费士根3位非遗传承人向6位学徒手把手传授竹编技艺。如今部分学徒已有小成，能制作竹篮等简单的生活用具。

从2024年5月上旬开始的每个周三和周日，这6名学徒都要来到培训基地，向师傅们学习各种竹编器物的编织法和草龙的制作。他们平均年龄为40岁，均为本地的竹编艺术爱好者。非遗传承人唐正龙告诉记者，即使是最基本的劈篾，也需练个把月，否则劈出来的篾条就粗细不匀，根本没法用，而一些较为复杂的竹编艺术品，至少要学两年。

负责人表示，随着经济发展，当年学习竹编的匠人出于生计考虑纷纷改行，如今精通这门手艺的人已寥寥无几，叶榭竹编这项区级非遗保护项目正渐渐淡出人们的视线，甚至连破篾刀等各种竹编用具都是寻觅多地才买到，竹编技艺的抢救与传承工作已迫在眉睫。

（3）思考竹编非遗发展遇到的困境

观看视频《当代竹编发展困境》并思考：当代竹编非遗发展遇到了哪些困境？造成这些困境的原因又有哪些？

（4）为非遗保护、传承与创新建言献策

观看视频《非遗保护需要我们共同努力》并思考：我国非遗传承发展面临哪些挑战？我们应该怎样努力保护非遗？

结合《竹编的传承创新发展探索》系列视频内容并集思广益，为解决以竹编为代表的非遗发展困境出谋划策，完成下表。

表 5-10 思考竹编的传承发展

背景：竹编是中国民间传统手工艺的重要组成部分，在中国传统文化中占据着重要的地位。在当今社会，随着现代工业的不断发展，以及人们对生活质量要求的不断提高，传统竹编制品在生活中的使用逐渐减少，许多被列入非物质文化遗产名录的传统竹编技艺面临着失传的风险。
任务：通过视频与采访资料了解上海松江叶榭竹编的发展状况与困境，并在课后利用网络搜索相关纪录片与访谈，完成以下思考。
1. 当代竹编非遗发展遇到了哪些困境？造成这些困境的原因又有哪些？
2. 集思广益，为解决以竹编为代表的非遗发展困境出谋划策，为非遗保护、传承与创新建言献策。

五、实施成效

学生通过学习竹编发展历史，与历史课程所学相联系，知道了竹编的发明与新石器时代对生产生活工具的进步需求间的联系；了解了竹编经过悠久的历史演变，从日常生活用品到工艺品再到收藏品，它们的造型多变，装饰特色富有形式感和节奏感，带给我们独特的审美体验。能够初步辨别箩、筐、篓、箕、斗笠等常见竹编日用品及其用途，了解竹编制品在推动人类社会进步的过程中起到的重要作用。结合美术课程所学，感受竹编工艺所反映的农耕文明的审美情趣。

学生在观看制作视频和观察教师示范的基础上开展小组合作，尝试制作竹篮、竹碗等竹编制品并上台交流分享，在此过程中锻炼了动手能力、团队合作能力和沟通表达能力。

学生通过材料阅读了解了当代竹编非遗发展现状及遇到的问题，通过分组讨论集思广益，结合道法课程所学，为非遗保护方法建言献策，体现家国情怀、道德修养与责任担当。发言阐释与研究报告的撰写锻炼了口头表达与书面表达能力。

六、教后反思

　　介绍竹编发展的历史时内容繁杂，尤其是介绍不同时期竹编发展特点的部分较为冗长，且距离学生生活较远，难以持续吸引学生兴趣。七年级学生刚开始学习历史，缺乏对长时段历史的宏观认识，在学习竹编发展演变历程时不易把握重点。对此部分内容的设计应强干弱枝，着重把握竹编发展历史的主线和本质特征，梳理各时期竹编发展特点间的联系，而非仅是堆砌知识。

　　由于在竹编制作环节提供的竹篾原材料虽然规格一致，但质量参差不齐，且缺少辅助性工具，大多数小组制作的竹扇都比较粗糙，多有毛边毛刺，也有的篾片在制作中断裂，一定程度上影响了成品效果，应在此后加强原材料品控。此外，应适当提供或鼓励学生以小组为单位自备长尺、针线、剪刀、上色颜料等辅助性工具，以便增添作品的多样性。

　　在以小组为单位为非遗保护建言献策的环节，学生总体积极性很高，发言和撰写报告较为踊跃，但大多缺乏报告撰写的格式规范，有必要在此环节展开前以范例形式明确调查研究撰写的基本流程及相关规范。

（执笔人：上海音乐学院实验学校　谭天）

案例四：古诗中的四季

　　古诗是中华民族文化长河中的瑰宝，也是语文课程学习的重要内容。上海市杨浦区翔殷路小学以描写四季美景的古诗为学习资源、以语文学科为主要学科，关联美术、音乐两门艺术学科，设计了"古诗中的四季"这一跨学科主题学习活动。此项学习活动主要面向五年级学生，共设置了8个课时的内容。

一、学习目标

　　本跨学科主题学习以小学语文统编教材五年级第一学期第七单元的第21课《古诗三首》为学习范例，以描写四季美景的古诗为学习资源，以统领性任务——"制作一期表现形式丰富，内容适切的古诗鉴赏节目"为载体，创设真实的学习情境，引导学生通过小组合作、自主探究的方式，综合运用已掌握的学习古诗文的方法，通过联想想象、欣赏评价等方法感知古诗中的美景、意蕴、情感，并结合音乐、美术学科的相关知识技能，完成学习成果。综合语文、艺术学科的课程目标和学生的发展目标，我们制定了融合这三门学科及全人培养的学习目标：

　　1. 阅读描绘四季美景的古诗，结合自己的生活体验，尝试运用联想想象、欣赏评价等方法探究诗情诗境,感受诗人热爱大自然的情感和乐观豁达的生活态度。

2. 能为古诗选择合适的音乐,通过朗读、律动、伴奏、唱跳、表演等形式有创意地准确表现诗歌的文学形象和人文情感。

3. 了解诗配画的特点,能为所选古诗进行合理安排画面和编排文字的诗配画创作,在绘画中领略古诗的意境美。

4. 通过小组探究的方式,策划、制作一期古诗鉴赏节目,有创意地表现对诗歌的理解,进一步提升语言、审美与思维能力,感知中华传统文化的魅力。

5. 在合作探究的过程中,激发好奇心、求知欲,提升解决问题的能力,培养协作意识和创造性思维能力。

二、目标厘定的依据

(一)语文课程的相关要求

《义务教育语文课程标准(2022版)》(以下简称《课标》)将跨学科学习列入拓展型学习任务群,指出该学习任务群"旨在引导学生在语文实践活动中,联结课堂内外、学校内外,拓展语文学习和运用领域;围绕学科学习、社会生活中有意义的话题,开展阅读、梳理、探究、交流等活动,在综合运用多学科知识发现问题、分析问题、解决问题的过程中,提高语言文字运用能力。"[1]

《课标》也指出"跨学科学习"第三学段中包括三方面学习内容,其中一项为要求学生积极参加校园文化活动,体验、感知、传承中华优秀传统文化,运用多种形式分享自己的经验与感受。

在优秀的传统文化中,古诗短小凝练,是最适合小学生学习的内容。诗是绝美的文字,更是心声的表达、情感的抒发。传承经典,不应只诵读于口头,还可以通过想象诗歌所描绘的画面,感受诗歌独特的节奏和意蕴,结合自己的生活体验,深入理解诗情诗韵。这样的学习才更能激发学生学习的热情,让经典诗文真正回荡在他们心头。

为此,我们在综合思维的指引下,整合多种资源,将语文、艺术等学科活动相结合,通过可执行、有趣味、重体验的跨学科综合实践活动,促进学生的语言发展、思维发展,以及审美创造能力的提升。这也对应了语文学科要培育的核心素养的要求。

(二)知识技能的深度融合

"古诗中的四季"跨学科主题学习改变了语言学习原有的单纯训练听说读写等知识能力

---

[1] 中华人民共和国教育部. 义务教育语文课程标准(2022年版)[S].北京:北京师范大学出版社,2022:34.

的现状,引导学生综合运用音乐、美术等学科的知识和技能,开展丰富多彩的古诗阅读与鉴赏活动。

围绕着本次跨学科学习的统领性任务,在认真分析后,我们列出了本次跨学科学习所涉及的语文、音乐、美术三门学科的核心知识和技能,这也是我们厘定学习目标的一个重要依据。

语文	音乐	美术
·通过查找资料、整体感知、想象画面等方法,理解古诗的内涵,体会诗人的情感,感受古诗的独特语言魅力。 ·结合自己的生活经验、独特体验与思考,尝试个性化地表达阅读后的感受。	·在教师的充分指导下,理解音乐要素及其表现作用,能运用造型、动作、语言等音乐表演基本技能,表达对作品思想情感与文化内涵的理解。	·收集、挑选素材,组织画面、编排文字,创作主题画。并在小组合作中,探究主题画创作与传统美学之间互融的表现方式。 ·能给诗歌创作适切的主题画。

图5-5 "古诗中的四季"跨学科主题学习知识技能结构图

通过学习,我们希望在培养和发展学生的语言运用能力的同时,也可以提高学生的艺术鉴赏能力、审美创造能力,以及综合运用多学科知识技能解决问题的能力。

(三) 学生学习的既有水平

上海市杨浦区翔殷路小学以传统文化教育为特色,开展"读千古美文,做华夏赤子"经典诵读活动已有20多个年头。学校秉承"以诗育人,以诗明理,以诗冶情,以诗启智"的宗旨,除教材外,每个学期都补充15~20首古诗的学习内容,并自主开发了《古诗文诵读》校本课程。经过前四年的学习,五年级的学生已经读过百余首古诗,积累了一定的古诗文方面的知识与学习方法。学校也是艺术特色校,常通过诗配画、诗歌展演的方式,开展多样化的古诗文学习活动,深受学生的喜爱。这为开展本次跨学科主题学习奠定了良好的基础。

另外,在以往开展古诗文学习的过程中,我们也发现了一些问题,比如学生往往是在教师的引领下开展学习,自主性还不够。这也是我们拟定学习目标的依据。

本主题学习希望学生能综合运用已掌握的学习古诗文的方法,通过自主探究、小组合作的形式,深入思考和感知古诗中的美景、意蕴;并与学生最喜闻乐见,最善于发挥想象力、创造力、感知力和审美力的音乐与美术学科相结合,使学生画中见"诗界",乐中感"诗韵",诗中见"天地",以此来感受古诗的语言建构和特点,感知中华传统文化的魅力,提升审美品位,增强文化自信,促进文化传承。

同时,在学习的过程中,学生要经历合理分析问题情境,联系已有经验充分搜集、整理信息,有效运用信息,不断调整预设方案,解决实际困难,最终达成目标的创新实践过程。这对他们创新思维和创新人格的形成也是有帮助的。

三、学习内容

"春有百花秋有月,夏有凉风冬有雪",交替的是四季,不变的是美景。当诗人遇见美景,诗景交融;当古诗千古传诵,怡情怡性。我们以"古诗中的四季"为学习主题,希望学生能通过学习诵读相关的古诗,走进诗词中的美景,感受身边的美好,同时也学习古人豁达与乐观的人生观。

本跨学科主题学习以统领性任务——"翔鹰"小小电视台要创办"我心中的诗"这档诗歌鉴赏栏目为引领。第一期拟以"古诗中的四季"为主题,让学生基于自己对诗的理解,结合声乐、绘画等形式,以小组合作的方式介绍一首描写某个季节美景的古诗。学习成果的呈现方式就是完成一期介绍古诗的鉴赏节目,以直播的方式向全体师生展示。

围绕着这个统领性任务,我们设计了三个子任务,构建了学习主题统领下的学习任务单元。

```
                    ┌─ 诗中四季美 ─┬─ 学一学诗言诗意
                    │              └─ 说一说我的感悟
                    │
     古诗中的四季 ──┼─ 创意展诗情 ─┬─ 画一画四季诗境
                    │              └─ 配一配四季诗韵
                    │
                    └─ 我心中的诗 ──── 古诗鉴赏会
```

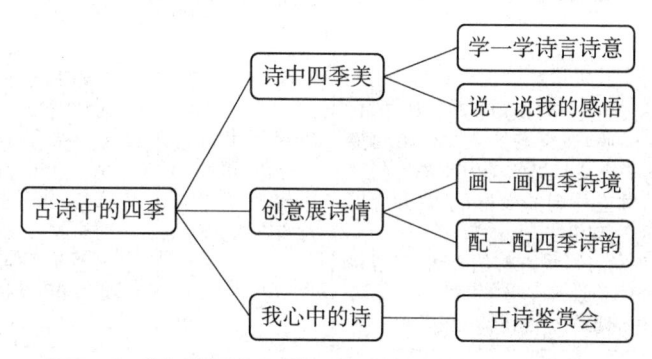

图 5-6 "古诗中的四季"跨学科主题学习整体设计框架

学习任务一:诗中四季美

在语文老师的指导下,学一学教材中的古诗《山居秋暝》,想象诗中描绘的秋季景象,结合其中动静结合的描写,体会作者的情感和古诗独特的语言魅力;探究梳理学习写景古诗的方法,并借助这些方法自由组成一支探究小组,寻找一首自己喜欢的描写某个季节的古诗,借助老师提供的学习单,了解诗意,感受诗情,谈谈感悟。在此基础上,形成诗歌鉴赏节目流程初稿。

学习任务二:创意展诗情

了解学生的优势与兴趣,以此为基础完成小组分工(诗歌鉴赏讲稿撰写,诗配画 PPT 制作,诗配乐,朗诵表演等),由语文、音乐、美术三门学科的老师进行相关指导,形成诗配画作品、配乐初选。并以此调整鉴赏节目流程初稿,初定表演形式。

学习任务三:我心中的诗

各学习小组结合自己选取的古诗,开展探究学习,将诗、乐、画、演融合,形成完整的诗歌鉴赏节目,以直播的形式召开古诗鉴赏会,在"翔鹰"小小电视台播出,结束后展开评价并进一步修改完善。

四、学习过程和学习评价

跨学科学习旨在引导学生自主发现、分析、解决生活中的问题。以实践活动为主线,我们设计了一系列循序渐进的学习活动。当然,我们也认识到跨学科主题学习的评价应主要关注学生在探究活动中的表现,以学习成果为依据,注重过程性。故此在每个学习任务阶段,都制定了表现性评价的标准。通过教师的及时反馈和学生的自评、互评,及时纠正一些问题,激励孩子们保持良好的学习状态。

表5-11 "古诗中的四季"跨学科主题学习实施过程一览表

学习任务	学习活动	学习支持	学习评价(表现性评价)
任务一:诗中四季美(3课时)	(一)学一学诗情诗意(1课时) 1. 学习教材中的古诗《山居秋暝》,抓诗句:"明月松间照,清泉石上流""竹喧归浣女,莲动下渔舟",想象诗中所描绘的秋季景象,体会作者的情感,了解古诗借景抒情的表现手法。 2. 探究梳理学习写景古诗的方法。(解诗题——知背景——晓诗意——找诗句——想诗景——悟诗情)。	教师提供古诗学习单,帮助学生梳理学习古诗的方法。	1. 能够正确、有感情地朗读古诗《山居秋暝》。 2. 能够结合自己的生活经验,合理想象诗句的画面,并且有条理地表达,从而感受作者通过景物描写所要抒发的轻松愉快的情感。 3. 能够在老师的帮助下,梳理出写景类古诗的学习步骤。
	(二)说一说我的感悟(2课时) 1. 运用课上学到的方法,自由组成一支探究小组,借助学习单,寻找一首喜欢的描写某个季节的古诗,了解诗意,感受诗情,谈谈感悟。 2. 看视频,了解古诗鉴赏节目,尝试根据自己的学习,完成古诗鉴赏节目流程初稿。	教师提供古诗学习单,按学习单所列要求学习古诗。古诗鉴赏节目视频。	1. 能够按照老师给出的学习单,分步读懂选择的古诗。 2. 能够结合自己的生活经验及诗歌创作的背景,有条理地说一说自己读诗后的感受(包括诗人的情感和自己的感悟)。 3. 能够结合组内成员的发言,依据学习单,完成节目流程初稿。 4. 小组合作中能主动参与,有效沟通。
任务二:创意展诗情(2课时)	(一)画一画四季诗境(1课时) 1. 根据学生的优势与兴趣,完成小组分工。 2. 了解诗配画作品的构思方法、要求。 3. 诗配画作品《山居秋暝》讲解。 4. 其他诗配画作品欣赏。 5. 根据古诗或诗句想象画面,合作完成诗配画作品。	教师提供诗配画作品范例(名家画作、教师作品)。	1. 能根据诗句的意境,合理安排画面和编排文字,完成诗配画作品。 2. 能依据诗配画作品的特点,合理评价他人作品,提出修改意见。 3. 能从小组分工,明确自身角色,认真倾听他人意见,清楚表达自己想法,认真完成自己的任务。

续　表

学习任务	学习活动	学习支持	学习评价(表现性评价)
	(二)配一配四季诗韵 (1课时) 1. 了解节目背景音乐的要求。 2. 根据所选古诗,配上合适的音乐。 3. 根据前期学习,再次调整节目流程,并且选择合适的方法展演介绍古诗。	教师提供适合不同风格的乐曲若干首。	1. 能根据古诗的意境,选配合适的节目背景音乐。 2. 能依据鉴赏节目的风格和组内成员的特点,选择合适的演讲形式。 3. 能服从小组分工,明确自身角色,认真倾听他人意见,清楚表达自己的想法,认真完成自己的任务。
任务三: 我心中的诗 (3课时)	(一)我演心中诗(2课时) 1. 各学习小组结合自己选取的古诗,开展探究学习,将诗、乐、画、演融合,形成完整的诗歌鉴赏节目。 2. 以直播的形式召开"古诗鉴赏会",在"翔鹰"小小电视台播出。 (二)古诗鉴赏会(1课时) 结束后展开评价并进一步修改完善。	教师提供评价表。	见评价表。

在学习任务的最后环节,根据学习要求,设计了最终的学习成果评价表。

表5-12　"我心中的诗"古诗鉴赏节目评价表

评价维度	评价标准	自我评价	相互评价
节目编排	1. 能完整展示所选古诗的创作背景、诗文大意及表达情感。 2. 能结合实际生活,有条理地展示阅读后的独特感受或对自己的启发。	☆☆☆ ☆☆☆	☆☆☆ ☆☆☆
诗境配画	1. 能根据古诗的意境,合理想象所要描绘的画面,促进对诗意的理解。 2. 画作构图合理,色彩、描绘的景物等符合诗歌的意境。	☆☆☆ ☆☆☆	☆☆☆ ☆☆☆
诗韵配乐	1. 能根据古诗的意境和所要表达的情感,配上合适的背景音乐,烘托气氛,给观众良好的听觉体验。	☆☆☆	☆☆☆
创意表达	1. 能根据古诗的意境和所要表达的情感,选择合适的方式,创造性地演绎诗歌,给观众良好的视觉和听觉体验。	☆☆☆	☆☆☆
小组合作	1. 节目中,每一位成员都有适合的任务,合作融洽,衔接自然。 2. 活动中,每一位成员都能合作愉快,交流通畅。	☆☆☆ ☆☆☆	☆☆☆ ☆☆☆

五、实施成效

本次跨学科主题学习取得了较好的成果,学生们在学习兴趣、学习方法、学习能力等方面都有了一定的收获和提高。

(一) 激发了学习兴趣

本次活动以项目化学习的方式展开,一改往日由教师确定学习篇目,带领学生整齐划一地开展学习的形式,这样做极大提升了学生学习的兴趣。学生能够根据自己的兴趣爱好和认知水平,选择适合的学习内容,展开自主探究活动,从而有效激发了学生探究的热情和学习的积极性。

另外,根据学生的兴趣和爱好,划分组内角色,让每个学生都能在学习中找到合适的任务。比如语文学习能力强的学生可以担任策划和节目串词的撰写,绘画能力强的学生能够多承担一些诗配画的任务,音乐、表演能力强的学生能够参与背景音乐选择和最终表演、诵读的任务。这样的跨学科学习活动的实施,赋予每一个学生展示自我的可能。每个学生都是被需要的,都有用武之地,他们自然能积极投入,最终呈现出较好的学习成果。

(二) 促进了方法的掌握

本次跨学科主题学习活动以自主探究的方式呈现,教师只是起到了引领、协助的作用。学生要通过自己的摸索和主动体验,梳理学习方法,并且迁移、运用到相似的实际问题情境中去。这种自我摸索、体验的方式,更易于学生掌握学习方法,促使他们学习更加纵深化。

在学习古诗环节,教师通过示范、讲解,帮助学生梳理出学习写景类古诗的方法步骤,随后让学生根据学习单寻找自己喜欢的古诗理解诗意,感悟诗情。

表 5-13　古诗学习单

诗名：＿＿＿＿　作者：＿＿＿＿

1. 解诗题	诗题是诗的眼睛,理解诗题能更精准地掌握古诗的主要内容。议一议诗题是什么意思。
2. 知背景	查一查作者的生平,了解一下诗人是在什么情况下写这首诗的,摘录一些关键的信息。
3. 晓诗意	读一读古诗,说一说理解到的诗句意思。
4. 找诗句	找一找写景的诗句,写下来。
5. 想诗景	画一画通过读上面的诗句,想象到的画面,可以是一幅,也可以是几幅。

续 表

6. 悟诗情	想一想这首古诗表达了诗人怎样的情感,再联系自己的生活写一写读后的感想。

在学习的过程中,学生经历了模仿、尝试,甚至失败、再尝试的过程,最终得到了更加深入的体会,获得了独特的感受。比如有一组学生以刘禹锡的《秋词》作为学习内容,根据学习单的提示,他们查找到了诗人三起三落的生平故事,感受到了诗中所表达的排除万难的昂扬斗志。又如,另一组学生从杨万里的《小池》一诗,联系到自身,希望即将离开母校的同学们能像诗中的小荷叶一样积极向上,努力成长。这些独特的感受是真正深入学习后的成果,相信以后遇到类似的诗文,他们也会自觉运用学到的方法开展个性化的阅读与鉴赏。

(三) 提升了学习的能力

"古诗中的四季"跨学科主题学习活动以小组合作探究的方式展开。孩子们在探究的过程中梳理总结学习方法,有了问题便通过合作讨论、查阅资料、寻求帮助等方式,不断尝试着自己解决困难,达成了良好的学习效果。

在小组的合作过程中,成员间还要建立起良好的沟通关系,他们共同策划节目最终的呈现流程、方式,不断提升诗配画作品的质量,一次次尝试适配的音乐。有的小组甚至自己弹奏节目的配乐,最终呈现出的效果精彩纷呈。在这样的过程中,每位学生的语文、音乐、美术等学科的运用能力都会得以提升,这些也会转化为有利于他们发展的核心素养。

六、总结和反思

相较于传统的单科学习模式,本次跨学科主题学习实施的过程中,有一些值得肯定的亮点,当然也存在着一些需要继续思考改进的地方。

(一) 创新之处

1. 以有意义的话题统领,创设真实情境

作为语文课程的拓展型学习任务群,跨学科学习更加注重打通语文与生活的联系,拓宽语文学习与运用的领域。因此应该以学生的真实生活为基础,创设有意义的话题来统领学习任务,满足学生学习生活中的真实需求。

"古诗中的四季"跨学科主题学习以"翔鹰"小小电视台要创办"我心中的诗"这档诗歌鉴

赏栏目为统领性任务展开。小小电视台就在孩子们的身边,他们每周都会去看,成为一期校园节目的制作者和参与者正是孩子们所期盼的。在学习中解决的一个个问题、形成的学习成果能以这样一种"以引为傲"的方式展现在全校师生的眼前,对孩子们来说无疑是有意义的。

另外四季美景的主题十分契合学生的生活,他们在读诗的过程中,发现自然的美,感受生活的快乐,对形成正确人生观同样非常有意义。以后还可以以"江山多娇""人间真情"等主题为引领继续开展类似的学习,相信也一定会受到孩子们的欢迎,让他们在学习中有更丰富的体验与收获。

2. 以实践活动为主线,培育创新人格

具有好奇心、想象力,能够坚持不懈、独立自信地完成任务,并在此基础上善于协作和反思是创新人格的一些特质。"古诗中的四季"跨学科主题学习以实践活动为主线,对于创新人格的培育起着积极的作用。

此项主题学习以自主探究的方式,围绕着"阅读与鉴赏""交流与表达""梳理与探究"等语文实践活动展开,分别设置了"诗中四季美""创意展诗情""我心中的诗"三个学习任务,从学习读懂写景的古诗,根据诗情诗境给诗配画、配乐到召开古诗鉴赏会,形成了有逻辑的学习任务链。在此过程中,学生需自主融合和运用各学科的知识与技能,解决学习中的问题,充分调动想象力,呈现出有独特创意的文学鉴赏与表达成果。在学习的过程中,学生独立自信的意识也在不断加强。

在小组的合作过程中,成员间要建立起良好的沟通关系,在开展独立思考的基础上发挥各自的特长,进行有效的合作。在学习的过程中还要面对困难不放弃,动脑筋寻求多种方法解决问题。在这样的历程中,孩子们团结协作的意识、沟通交流的能力都得到了较好的培养。

3. 以家校联动为助力,充分利用资源

要丰富跨学科主题学习的学习资源,达成良好的学习效果,仅仅靠校内的时间显然是不够的。本次跨学科主题学习,不但在学校里积极展开,而且还充分取得了学生家长的支持。孩子们的学习热情高涨,在组长的带领下,每个学习小组都建起了微信群,每周约定课后的固定时间开会讨论相关事宜,甚至还一起排练节目。

由于小组比较多,光靠老师的辅导力量显然也不够,在孩子们遇到困难时,家长也会参与指导。孩子们刚开始思考节目的时候,有些家长就会主动提供相关学习资源。比如,一开始孩子们对于要办鉴赏节目还没有概念,设计的讲解过程就像是在上语文课。于是便有家长推荐了《经典咏流传》《邻家诗画》等栏目,拓宽他们的思路,给孩子们更多的灵感。还有在配画制作中,孩子们寻找的素材风格不尽相同,有擅长的家长就会亲自指导,教他们合理利用材料,画出适合的诗配画作品。正是有了这样的助力,孩子们的学习才会始终投入,最终呈现出了较为满意的成果。

（二）教后反思

1. 关注创意表达，突破难点

在学习活动的实施过程中，我们发现学生对于这样的学习方式非常感兴趣，投入且积极。相对来说诗配画环节完成得最好，但是要关注画的自创性，如不少画作的模仿痕迹较多，有的就是临摹。语文学习方面，学生在自主查找资料理解诗意上完成较好，但是对于诗歌情感、意蕴的感悟不够深入，尤其是结合自己的生活体验个性化地表达自己读诗后的感悟做得不好。给诗配乐和自己设计表演的活动最难，有些组几乎全部是采纳老师给出的建议。

综上所述，我们发现最大的问题在于学生的自创性还不够，这样就达不到在理解诗意的基础上创意表达的目标。这与一直以来采取的灌输式的教学方法有关，也体现了学习方法的指导不够。后期要在这一方面加强力度，调整课时安排，同时要求教师要思考如何教给学生一些更为简便的、可操作的方法，帮助学生能够有创意地表达独特的学习体验。

2. 改进评价方式，力求多元

虽然在学习活动的评价中，我们关注了过程性，但是也存在着一些问题。本次跨学科主题学习的评价标准基本都是老师制定，而后向学生公布，再进行相应的评价活动。三个学习任务中，仅最后一个运用了教师评价和学生评价相结合的方式开展。

我们对此也进行了深入反思，发现评价应该力求多元。首先，在评价标准的制定上就应该由师生共同讨论，这样能使评价更加适合学生的需要。而且不同的小组可以用不同的评价表，比如有些组在美术方面强一些，有些组可能在音乐方面强一点，他们完全可以发挥优势，那么评价的标准也应该有所区别，这样更能激发学生学习的动力。其次，在每个学习任务的评价中都应该让学生参与进来，这样才更全面，更能发挥出评价的诊断、调整等作用。再次，评价的主体也可以是多元的，除了教师的评价，学生的自评、互评，还有家长的评价、观众的认可和意见也可以作为一个重要的依据。这样将更加有利于联结课堂内外，获得更多助力。

在评价过程中，应该更加关注学习经历，可以通过建立档案袋的方式，将学生学习的点滴如实积累，既简便又有益于反思，也可在孩子的成长道路上留下美好的足迹。

（执笔人：上海市杨浦区翔殷路小学　仇珍玲）

第三节　体育与健康

案例五：追求深度的跨学科主题学习——以足球"射门"单元学习为例

跨学科主题学习伴随着2022年版义务教育课程方案与课程标准的颁布引起了广泛关

注。跨学科主题学习强调学生打破学科间的界限,整合不同学科的知识、方法、工具、视角、思维方式等以解决真实境脉中的问题。其强化的整体性、情境性与实践性和核心素养的生成机制具有内在一致性,因而跨学科主题学习被视作发展学生核心素养的重要路径。由此,跨学科主题学习也成为普通高中教育教学转型的重要方向。跨学科主题学习强调整合,但是既不同于"为整合而整合"的学科式整合,也不同于容易陷入重形式轻知识、流于浅表的活动式整合,而是兼重学科整合与问题解决[1]。其是以学科核心知识为基础展开的,追求的是学生基于学科又超越学科的深度学习。

深度学习在学科教育中已经得到广泛讨论,强调学生深度理解知识内涵,主动建构个性化的知识系统与意义系统,并有效迁移运用于真实情境中的问题解决,追求在获得知识意义、建立学科思想、发展学科能力、丰富学科经验的基础上养成学科核心素养[2]。对于跨学科主题学习而言,深度学习不仅意味着知识的理解、内化与应用,还将这种理解、内化与应用拓展至不同学科知识的联系之中。换句话说,深度的跨学科主题学习是以学科知识的理解、内化与应用为基础,寻求不同学科知识联结,以实现更复杂的跨学科理解的建立、内化与应用,以更好地应对真实世界中兼具复杂性与综合性的问题。跨学科主题学习强化的不再仅仅是学科核心素养的发展,也包括并不直接对应于特定学科的跨学科素养的发展。作为跨学科主题学习着力追求的深度学习需要有效的教与学设计来实现。因此,本文以高中《体育与健康》学科中的"足球——射门的诀窍"跨学科主题学习设计为例,阐释跨学科主题学习设计何以驱动深度学习,实现学生素养发展。

一、深度的学习目标:以进阶目标引领多元素养发展

跨学科主题学习的目标具有多层次性,依循从学科到跨学科的范围与深度的进阶。跨学科主题学习目标的范围进阶表现在从学科到跨学科的拓展。我国课程改革在跨学科主题学习上的本土化实践立足于学科与跨学科之间的关系认识,跨学科主题学习是以学科为基础,只有植根于学科内容,跨学科理解才能发生,也只有具备跨学科视野,对学科内容的理解才能够不断深化。[3] 正是基于这样的认识,在学科中推进的跨学科主题学习有明确的主学科,以对主学科内容的深层理解与迁移应用作为基础性目标。关联学科对于基础性目标的达成起到支撑作用。在此之上,通过学科间的关联寻求问题解决,建立跨学科理解。跨学科理解是在问题解决的过程中基于学科整合形成的对复杂问题更全面、更结构化、更深刻的判断、结论和认知,以及在此基础上抽象提炼出的解决类似问题的一般观念、程序、策略、方法

---

[1] 安桂清. 论义务教育课程的综合性与实践性[J]. 全球教育展望,2022,51(05):14—26.
[2] 郭元祥. 论深度教学:源起、基础与理念[J]. 教育研究与实验,2017(03):1—11.
[3] 张华. 跨学科学习:真义辨析与实践路径[J]. 中小学管理,2017(11):21—24.

或模型等[①]。此种跨学科理解更具备学生在真实生活问题解决中的迁移价值,更能帮助学生意识到所学习的学科知识的个人意义与现实价值,因而成为学生深度跨学科主题学习目标的重要组成。

在此种范围进阶中,跨学科主题学习目标的深度进阶也得以展现。诚如学科学习中深度学习所强化的从知识意义、学科思想、学科能力到学科核心素养的发展,跨学科主题学习也强调在建立理解的基础上,能够发展学生的联结思维、关系思维、过程思维,以及基于理解解决真实问题的能力、基于价值判断解决问题的能力,从而实现素养的发展。换句话说,就是根据问题解决需要联结不同学科知识,来"正确地做事"。这里的素养既有对焦主学科的领域素养,也有关联跨学科学习主题的一般素养(或称跨学科素养)。而且鉴于素养本身发展的累积性与长期性,一般素养在某一个具体的跨学科主题学习中势必具有情境化的特征,为一些特定的学生行动、学生作品,甚至于学生的自我反思与觉知等表征。

在本研究所择取的高中《体育与健康》学科中的"足球——射门的诀窍"跨学科主题学习案例中,围绕"射门的诀窍"这一主题,确定了层次化的学习目标,反映了深度学习的诉求。首先,案例选取体育与健康这一主学科中的内容,确立了理解与掌握的目标——"不同脚法的射门技术""传球、运球、射门等多元组合技术",并进一步确认了应用目标——"不同情境下的射门技术运用(包括实战情境中的应用)"。学生在理解与应用中建立运动认知、运用技能、发展体能,从而形塑体育学科中的"运动能力"这一核心素养。在实际的射门技术理解与应用的过程中,学生发现射门的角度与力度是影响射门进球率的重要因素,对角度与力度两大因素的探索成为进一步的跨学科学习目标,"整合不同学科的知识与方法解决真实挑战,发展问题解决能力和实践能力""在小组探究中发展相互协作、责任感与社会参与等能力"成为学生要达成的跨学科素养目标。而这一素养目标的实现有赖于具体情境下学生的实践探讨,如提炼具体的研究问题、做基础的理论研究形成研究假设、选取适切的研究方法收集数据验证假设、形成研究结论等一般的问题解决过程等,这构成了学生跨学科理解的重要组成部分,指引着学生后续的问题解决,成为学生问题解决能力发展的重要组成部分。

二、深度的学习内容:以大问题统摄多学科学习内容

教师如何组织跨学科主题学习内容是走向深度教学设计的重点与难点问题。不同学科的内容关联性弱,生硬地拼凑在一起既不能帮助学生基于联结理解各个学科的内容,也无益于学生基于理解与应用发展学科素养与一般素养,会造成学生的浅表学习。克服浅表学习的困境需要在知识之间建立真实的联结,使得学生在联结之中体悟真实世界的整体面貌,建构对于知识的个人认识,从而有意识地在生活中通过联结不同学科的知识解决问题。因而,

---

① 张玉华.跨学科主题学习的水平分析与深化策略[J].全球教育展望,2023,52(03):48—61.

教学设计有必要凸显学习内容的整合性、情境性、实践性与理解性的特征,实现知识与知识、知识与事物、知识与行为、知识与自我的整合[①]。换句话说,设计要推进学科内容的结构化,要将不同学科的内容嵌入到学生在真实性情境下解决问题的实践之中,帮助学生发展对不同学科知识本身、学科知识间的关联性、整合不同学科于问题解决过程等问题的理解,实现"做中学"。在此过程中,学生建立对于知识的个人理解并发展综合迁移应用的意识,使深度学习得以发生,真实情境中的问题也就成为统摄不同学科内容的重要工具。与之对应,教学设计既要对统摄性的问题进行设计,明确问题发生的情境、问题解决的方向与条件、问题得到解决的表征等,使之凸显并回应教学目标的要求;还需要明确关联学科的内容,具体而言,教学设计要明确关联的学科门类,关联到具体学科内容(包括知识与技能),以及内容在问题解决过程中的角色。

在本研究所择取的高中《体育与健康》课程中的"射门"跨学科主题学习案例中,有鉴于体育学科及"射门"学习内容本身的特殊性——较强的情境性与实践性,问题的设计十分直接与流畅,即"在射门实战中得分"。这一问题的解决不仅关乎实战情境中不同射门脚法的应用,而且关乎对影响得分率因素的分析与实践转化。因此,在解决这一问题的时候,不仅需要立足于体育学科要求学生掌握射门的诀窍,还需要综合其他学科知识判断角度、力度与射门成功率的关系,以在实战中确认射门的位置与时机。因此,案例在设计中除了体育学科还纳入了物理学科、信息技术学科与数学学科,其中物理学科主要应用于确认"守门员的反应速度与扑救速度""守门员的扑救范围与时间"等变量之间的关系,建构公式,建立假设;为了更好地推进问题解决,设计还将信息技术纳入,编写人工智能程序用于射门视频分析,以便获取角度与力度的数据。而数学学科则整合数据与公式进行统计与分析,用以解决问题,确认得分率高的角度与力度。在对该问题进行探究时,还进行了点球与实战的分情况讨论。对于影响因素的分析与结论最终应用于实战之中,整合于"传球、接球、运球、射门"的连续性的真实实践之中。在该设计中,具有高度学科特征的体育活动在物理、数学等学科的襄助之下更为专业。而对于角度和力度与得分率关系的考察实践深刻影响学生对射门诀窍的理解,并影响他们在足球实战中的射门实践。与此同时,学生所经历的发现问题、建立假设、验证假设、得出结论的问题解决过程也将会帮助他们解决其他现实生活问题。

三、深度的学习过程:以多元活动驱动学生问题解决

学习内容的选择、组织只有通过好的学习过程的设计才能有效推进实施,真正转化为学生的学,让学生"学会""会学"。跨学科主题学习水平不仅在于内容层面的学科整合度,还在

[①] 李松林,贺慧.整合性:核心素养的知识特性与生成路径[J].教育科学研究,2020(06):13—17.

于学生学习投入度与问题解决度[①],此二者深受学习过程设计的影响。促进学生的深度学习就要着力增加学生的学习投入度,使得学生充分参与进问题解决过程之中,这有赖于多元的活动设计。活动的设计要使得学生占据主体地位,发挥学生的主观能动性,充分驱动学生的认知、情感与行为投入。活动方式依据问题解决的需要确定,目的是指向学生充分而广泛的参与,以促进问题的最终解决。此外,发挥学生的主体作用并不意味着教师的缺位,在跨学科主题学习过程中,不同学科教师的支持是学生自主发挥能力的重要支撑,教师不仅需要为学生提供物化的支持,也需要为学生提供即时的指导,以提高学生的问题解决度,达成学习目标。深度学习是个人意义建构的过程,但这并不意味着深度学习过程是单兵作战的过程,学习过程的对话性与交互性同样是深度学习的重要特征。因此,在跨学科主题学习过程之中,问题解决是学生学习的核心目标,但不是唯一目标,问题解决的过程还为学生创造了社会化交往的空间,创设了问题解决实践之外的社会交往实践。学生获得与同伴相互协商、责任共担、共同解决问题的机会。

在"足球——射门的诀窍"跨学科主题学习案例中,除了用以支持学生理解"不同脚法的射门技术"的常规教师演示、学生模仿与练习以及比赛等活动之外,设计还纳入了学生的研究性活动。具体而言,学生基于理论分析建立关于射门角度与力度的公式,然后通过借助人工智能程序获取角度、力度、进球率、时间等数据资料,借助数学统计知识分析数据,获得"不同人进球时的理论临界射门角度"和"力度与射门命中率之间的关系"。在这一研究性活动之中,学生既作为活动的主持者进行研究的设计与实施,同时也是活动的对象,即射门数据的提供者。学生不仅要有充分的认知与行为参与,还需要充分的情感参与,保持"增加得分率"的研究动机。在活动之中,要设计多样化的环境支持学生的问题解决。教师不仅需要提供一般性的足球运动场地,还需要提供学生用于测算关键变量的技术支持。设计还将为学生提供利于团队合作与分享交流的心理环境作为重要的环境创设维度,不管是射门技术的掌握,还是射门角度与力度窍门的学习都是为了服务球赛实战。因此,案例还涉及"射门游戏""攻防转换情境下的射门"和比赛等活动,帮助学生在实践中增加运球与射门的衔接,在此基础上感知射门的技术与窍门应用的时机,科学判断和应用技术与窍门。可以说,"学—练—赛"的活动进阶,使得学生经历技能学习的掌握、巩固与自动化过程,并应用于多重场景。在此过程中的研究性活动则以学生探究的方式深化对射门窍门的理解,以实现在实战场景中的更好应用。

四、深度的学习评价:以非标准化评价反馈素养发展

学生深度的跨学科主题学习在何种程度上得以发生?预期的深度跨学科学习目标在何

---

① 张玉华.跨学科主题学习的水平分析与深化策略[J].全球教育展望,2023,52(03):48—61.

表 5-14 "足球——射门的诀窍"跨学科主题学习案例的学习内容与过程

关键问题			如何运用接球、运球与射门技术提升实战能力,在实战中得分?	
子问题			如何在实战情境中射门?	什么样的角度与力度能够提高进球成功率?
涉及学科		体育与健康	不同脚法的射门技术,传球、运球、射门等多元组合技术	
		物理	/	速度与时间的物理关系换算
		信息技术	/	人工智能程序的编写
		数学	/	数理统计与函数运算
学习过程		学习活动	1. 教师示范射门的不同脚法 2. 教师播放视频,师生分析传球、运球、射门等多元组合技术在实战场景中的应用	1. 学生分组开展理论学习,建立关于射门进球率的函数模型 2. 学生开展实验研究,获取关于射门角度与力度的视频并分析,得出高进球率的射门角度与力度范围
学习过程		学习支持	互动屏、比赛和练习视频	3D 足球技术,GO pro 运动摄像机
学习评价			班级 5V5 足球赛	

种程度上得以实现?这些问题的回答有赖于针对性的跨学科主题学习评价设计。跨学科主题学习的目标是实现对主学科内容的深度理解,并基于学科整合与问题解决建立跨学科理解,在建构理解的过程中发展学科核心素养与一般素养。那么,跨学科主题学习的评价设计也需要面向此展开。跨学科主题学习的评价对于理解与应用的考查往往依托于非标准化的评价方式。具体而言,跨学科主题学习要融合终结性评价与过程性评价,全面考查学生的学习过程与结果,尤其是相关的素养表现。因为跨学科主题学习的评价本质上是作为一种发展性的活动,因此关注学生在学习过程中的发展变化,并为学生后续学习提供指引与反馈成为评价的主要目的。与之相对应,评价活动就需要纳入多重视角,不只教师作为评价活动的主体,学生也应该作为评价主体。学生不仅要进行自我反思,对自己觉知到的自身发展变化进行自我汇报,还需要对整个问题解决过程中的同伴学习情况进行评价。多元评价主体的评价活动不是随意的,需依赖于经过设计的评价工具,来保障评价的重心能够回应学习目标。评价工具的设计要凸显深度跨学科主题学习的特征,体现对学生学科理解与跨学科理解的深度、学生学习过程的投入度与问题解决度等方面。

"足球——射门的诀窍"案例设计的精妙之处在于彰显了"教学评的一致性",具体体现为"学练赛评的一致性"。该跨学科主题学习的主题与核心问题是"如何在射门实战中得分",这是在比赛的情境下考查学生对射门技术的运用。因此案例设计了比赛活动作为终结性评价活动,对学生射门的脚法、角度、力度等在实战情境中的应用情况进行综合考量。与之相对应设计了评价工具,用于师生开展自评、师评与互评。比如评价工具中将学生优秀等级的表现界定为"在比赛情境中,能够根据守门员的站位合理选择射门位置(角度),抢点时机正确,运用假动作和精准技术完成射门进球得分"。此外,为了考查学生体育学科核心素养的发展情况,建立了过程性评价工具,用以师生开展自评、师评与互评。评价工具涉及学生的运动能力、健康行为与体育品德三个维度,并设计了针对性指标,如在运动能力的运动认知维度下,提出"学生能够理解射门技战术的重要性,区分传球与射门的概念与区别,能够运用专业术语分析评价射门的技战术"等。作为一个跨学科主题学习活动,除了对体育学科核心素养进行考量,案例还对学生的跨学科理解与实践展开评价,在最具跨学科性的研究性活动中,学生在"射门角度、力度与进球率关系"问题解决的过程中,需要基于探究过程形成研究报告,作为跨学科主题学习的产品。对研究报告的评价作为过程评价的关键组成,考量学生的问题解决能力与合作实践能力。

表 5-15 "足球——射门的诀窍"跨学科主题学习案例的终结性评价工具

班级:		姓名:		评价者:		日期:	请在相应等级中打"√"
单元主题			足球:射门的诀窍				
等级评价		评价标准					
优秀 86分—100分	在比赛情境中,能够根据守门员站位合理选择射门位置,抢点时机准确,运用假动作和精准的技术完成射门进球得分。						
良好 76分—85分	在比赛情境中,能够根据守门员站位选择射门位置,抢点时机基本准确,运用假动作和正确的技术完成射门进球得分。						
合格 60分—75分	在比赛情境中,基本根据守门员站位选择射门位置,抢点时机比较准确,假动作有时不够逼真,射门进球成功率一般。						
有待提高 60分以下	在比赛情境中,未能根据守门员站位选择位置,抢点时机不准确,射门技术不正确,射门进球成功率较差。						

深度的跨学科主题学习既作为学科深度学习的重要部分,又凸显学习的跨学科特征;既关注学生关于学科的个人理解的建构,也关注基于学科联结的跨学科理解的建构以及实践中的迁移应用。跨学科主题学习中学生的联结思维、过程思维等的发展是深度学习需要持续追求的目标,也是深度的跨学科主题学习的深层意蕴。而这表征于连续的跨学科主题学习的过程之中,有赖于每一个跨学科主题学习目标、内容、过程、评价的精心设计,也有赖于不同学科教师基于教学需要的协商与合作。

(执笔人:复旦大学附属中学 崔岿、陆龚超)

第四节　气候变化与全球环境

案例六：创建水生环境二氧化碳供给系统

学生在构建水生环境过程中为解决植物长势不良的问题，计划向水环境中充入二氧化碳气体，增强植物养分积累。在动手创建水生环境二氧化碳供给系统的过程中运用通用技术、STEM 构建化学、生物、地理跨学科知识结构。本跨学科主题活动主要面向高一、高二年级，共需 5 课时。

一、学习目标

1. 在真实问题驱动下，调动已有的化学和生物学科的知识和经验，运用通用技术技能，通过实验迭代创新，动手创建水生生态环境二氧化碳供给系统，提升生态建设能力。

2. 在行动中构建关于二氧化碳跨学科的知识体系，理解二氧化碳的性质、作用、制备方法，向水生环境中加入二氧化碳，一方面观察水生植物固碳方式，感知在足量二氧化碳参与下植物光合作用效率提升，长势更好；另一方面测定水生生态系统固碳的效果，体会水生环境在碳中和中发挥的作用，增加生态知识。

3. 感知植物及湿地的固碳作用与能力，理解湿地是重要的碳汇基地，认同保护生态环境的重要性，提升生态意识，生成人与自然和谐共生的观念。

二、目标厘定依据

初中化学已学过制备二氧化碳，初中地理、生物已学过二氧化碳基本影响。高中地理、生物将进一步学习二氧化碳制备、循环和影响等。

学生主动查找、获取和运用知识，自主构建关于二氧化碳与生态环境的知识结构。培育生物生命观念素养、地理综合思维素养，化学宏观辨识与微观探析、变化观念与平衡思想素养。

学生在真实的情境中动手、动脑，生成通用技术的技术意识、工程思维、创新设计、图样表达、物化能力素养，化学、生物科学探究素养，地理实践力素养。

学生逐渐体会人与自然的关系，理解"双碳"目标，认同尊重、顺应和保护自然的理念，具有生态知识、意识与能力，成为建设人与自然和谐共生的现代化的公民。培育地理人地协调观素养、化学和生物的社会责任素养。

三、学习内容

(一) 组织中心

本活动的驱动性问题是"如何创建水生环境二氧化碳供给系统",核心问题是"探究二氧化碳与自然环境的关系"。子问题链依次是:为什么水生植物出现生长缓慢、状态不佳,甚至凋敝的情况?为什么要添加二氧化碳?有哪些制备二氧化碳的方法?二氧化碳供给系统有何特征?如何创建二氧化碳供给系统?添加了二氧化碳的水生环境有何变化?二氧化碳与生态环境有何关系?子问题链依次涉及创建水生环境二氧化碳供给系统的原因、措施和意义。

(二) 大观念

大观念为物质和能量平衡。地理、生物、化学大观念中都涉及物质与能量的传递与运动,自然环境各要素间,以及人类参与的自然环境都保持一种物质与能量的平衡,这种平衡进一步深入就是和谐,是"人与自然和谐共生"这一大观念。

二氧化碳是自然环境的基本组成要素,它为自养型生物提供了必要的生命支持。人口快速增长,过量使用化石燃料等导致全球二氧化碳含量增加,打破了原有的碳平衡,产生了如全球变暖等系列生态环境变化。如何恢复这种生态平衡?增加湿地面积恢复生态、增加碳汇,是符合物质和能量平衡观念的可行方式。

(三) 知识结构

表 5-16 知识结构表

学科	学科核心素养	核心概念和技能
通用技术	技术意识、工程思维、创新设计、图样表达、物化能力。	设计方案,绘制图纸,准备材料,搭建系统,发现问题,迭代完善。
化学	宏观辨识与微观探析,变化观念与平衡思想,科学探究与创新意识,科学精神与社会责任。	二氧化碳的性质、制备和检验方法。设计探究方案,进行实验探究,使用小苏打加柠檬酸生成二氧化碳,对反应过程进行改进,创建更适合水生环境的二氧化碳制备方式。认识物质是运动和变化的,并运用化学反应原理解决实际问题,培育可持续发展意识和绿色化学观念。
生物	生命观念,理性思维,科学探究,社会责任。	二氧化碳是光合作用的重要原料,植物具有固碳作用。运用酵母的无氧呼吸作用实验制备二氧化碳。增强生态意识,参与环境保护实践。
地理	综合思维,地理实践力,人地协调观。	二氧化碳是温室气体,二氧化碳含量增加导致全球变暖。湿地是重要的碳汇。地理环境具有整体性。提高人与自然环境协调发展的意识与行动能力。

四、学习过程

以问题解决的基本过程作为学生学习过程的基本线索,如图 5-7 所示,学生以问题为引导,以任务为驱动,在解决问题的过程中构建相关学科及跨学科知识与技能,用以致学。明线是创建二氧化碳供给系统,暗线是学习问题解决的方法,培育创新意识与能力,提升跨学科素养。

```
                    ┌─ 发现问题 ── 为什么水生植物出现生长缓慢、状态不佳、甚至凋敝的情况?
                    │
                    ├─ 表征问题 ── 为什么要添加二氧化碳?有哪些制备二氧化碳的方法?二氧化碳供给系统有何特征?
在用以致学           │
及学以致用 ─────────┼─ 选择策略 ── 调动地理、生物、化学和通用技术等相关知识与技能,查阅资料,学以致用,设计适合水生环境的二氧化碳制备系统
中迭代最佳           │
方案                │
                    ├─ 应用策略 ── 准备相关材料和器材,制备二氧化碳。
                    │
                    └─ 评价反思 ── 发现操作中存在的问题,用以致学,通过学习、研究改进问题,重新设计方案,并积极学习、调动元认知推动学习。
```

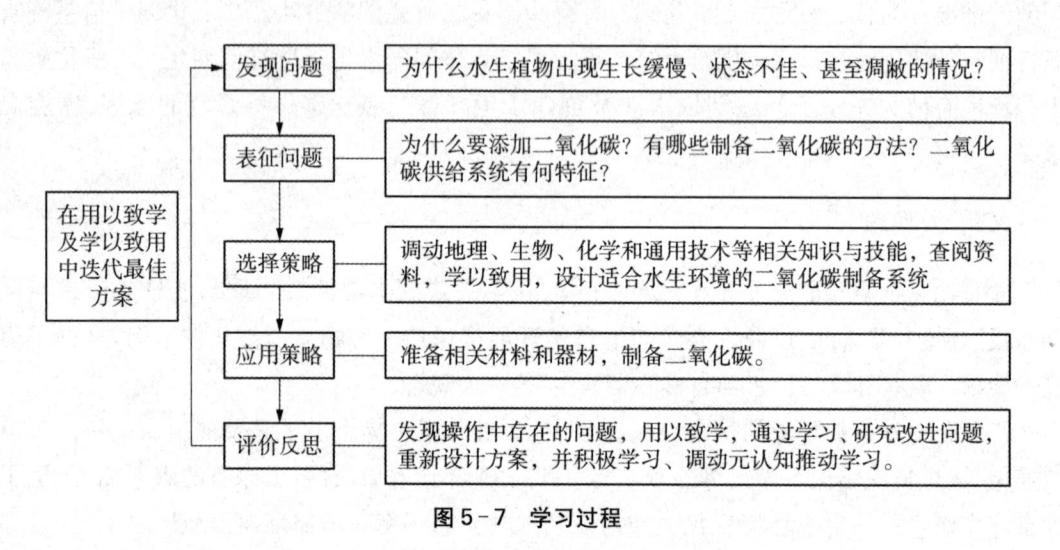

图 5-7 学习过程

表 5-17 为具体的学习任务对应的问题链、学习活动及学习支持。

表 5-17 学习过程列表

学习任务	问题链	学习活动	学习支持
任务一: 发现问题 表征问题 选择策略	为什么水生植物出现生长缓慢、状态不佳,甚至凋敝的情况?	初步构建水生态系统后,学生连续几周观察水中生态,发现问题。	给予学生 2—3 周充足的观察时间,指导学生做好观察、记录和横向比较。
	为什么要添加二氧化碳?有哪些制备二氧化碳的方法?二氧化碳供给系统有何特征?	学生小组内和组间集体讨论,头脑风暴,探讨问题的成因,思考对策,撰写方案,绘制图纸。	提供学习资料、资料查询的渠道;组织集体讨论,提出建议。
任务二: 应用策略 评价反思	如何创建二氧化碳供给系统?	根据设计方案,分别运用化学和生物路径,准备材料、工具,动手创建二氧化碳供给系统。	根据学生设计的方案,协助准备工具与材料,提供实验室场地。
		实验二氧化碳供给系统的效果,发现问题,查找资料,设计改进方案,进行迭代。	提供建议。

续表

学习任务	问题链	学习活动	学习支持
任务三：发表交流	添加了二氧化碳的水生环境有何变化？二氧化碳与生态环境有何关系？	二氧化碳供给系统正常运行2—3周，对水生植物进行观察、记录并与之前未添加二氧化碳时进行纵向对比，撰写研究报告并准备发表交流。	给予学生2—3周充足的观察时间，指导学生做好观察记录和纵向比较。指导研究报告撰写等。
		以小组为单位发表创建的二氧化碳供给系统，分别包括发现问题，设计，迭代方案，系统效果，感受感想，分工安排等。	以发展为目的，对学生活动过程和成果进行评价。

五、学习评价

在评价内容上将学习过程中的表现性评价与物化成果为代表的终结性评价相结合，以表现性评价为主体，关注学生完整的问题解决过程，分别设置资料学习、方案设计、实验操作、问题发现四个维度。

在评价指标上关注学生在学习中的角色变化与发展，对学生学习中表现出的意识与能力进行说明，设置新手、训练中的新手、胜任者和专家四个身份，引导学生理解自己的实际表现水平并明确自身在学习中的角色定位，以此有理有据有情地触发学生的变化与发展，实现评价为学生发展服务。

表5-18 学习评价表

评价维度	学生发展阶段			
	新手	训练中的新手	胜任者	专家
资料学习	无法自主获取资料，需要教师提供。在资料中难以找到有用内容，必须有教师或同伴给予明确指导，不能通过自学获取知识。	可以通过搜索网站、视频网站等生活中的网络媒介自主查询、获取有用的资料。学习广泛，缺乏针对性，面对众多学习资料，依赖教师和同伴对资料进行解读与梳理。	可以通过网络、生活、学术、书籍等多渠道获取学习资料。自主对学习资料进行梳理和解读，明确关键资料，能从学习中获取有用的内容，推动问题解决。	自身具有较强的相关经验，能够快速寻找关键信息。能够将其他学者的研究内容与自己的经验结合，用自己的语言和思维进行创新表达。
方案设计	提不出方案。	能够根据经验和所学资料提出个别、局部的方案。由于经验有限，较难采纳他人意见。	能够根据问题需求，提出由细化模块组成的完整方案，重视方案的有效性。能指导新手。	具有抽象思维，能够预见不足与问题，在设计中提前几步预设，避免问题，提出适切、便于操作、高效的方案。对新手方案进行指导。

续　表

评价维度	学生发展阶段			
	新手	训练中的新手	胜任者	专家
操作实验	须在明确指南、小组成员和教师指导下,按指令行动。	依赖小组成员和教师指导进行实验。	能够独立完成实验操作,运用多样化的工具。	能够组织、指导新手顺利进行实验。
发现问题	慌乱,找不到问题症结,缺乏解决问题的经验和范式。	对个别小问题,能基于经验发现、解决问题,但缺乏迁移的能力,对问题缺乏全面认识。难以独自解决问题,需要小组合作。	在行动中发现新问题、剖析问题,逐个解决小问题,进而解决大问题,再对设计方案进行迭代和完善。	在行动前预设问题,提出的方案较完整,在行动中较少遇到问题。能够指导新手发现问题、解决问题。
物化成果	满足于简单的二氧化碳系统能运行这一结果。	重视二氧化碳系统能较长时间稳定供给。	综合关注二氧化碳系统美观、高效、清洁、持续供给,重视效果。	二氧化碳系统能够适应不同水生生态环境需要,重视合适、灵活,具有创新性,有持续完善的可能和愿望,如申请专利、课题等。

六、实施成效

教师成为学习过程的支持者、推动者和保障者,提供了必要的引导和支架;学生填写的KWH表、文献收集表和设计表,能在一定支持和规范下开展具有挑战性的自主探究。这些图表也是学习过程的记录,便于师生对学习过程进行评价与反思。

以小组合作为教学组织的重要形式,学生组内分工合作,相互支持,组间取长补短,相互借鉴。学生在与人交流、合作中个性化地创建二氧化碳供给系统。

表5-19　二氧化碳供给系统特征梳理表

序号	方案	不足与思考	需求与特征
1	拿根吸管直接呼气	① 呼出来的最大成分不是二氧化碳 ② 不可持续	长时间稳定供给
2	在水中放入干冰	① 水温降低不利于水温的稳定,影响生物生存 ② 日常生活中干冰获取与制备困难;较难控制二氧化碳放出量	保持生态稳定 原料易于获取
3	石灰石+稀盐酸	① 需要实验室环境 ② 物品不易获取 ③ 反应时间较短或产生二氧化碳数量较少	生活环境可制取
4	酵母无氧呼吸产生乙醇和二氧化碳	① 产生酒精 ② 无氧环境中压力较大 ③ 酵母生存时间有限	会产生酒精、制备较纯净的CO_2

续表

序号	方案	不足与思考	需求与特征
5	直接购买液态二氧化碳钢瓶	虽是稳定长期使用的最佳方案，但不易购买，并对于入门体验、短期实验来说成本较高，容易发生弃用产生的浪费	短期体验、实验用途，性价比高

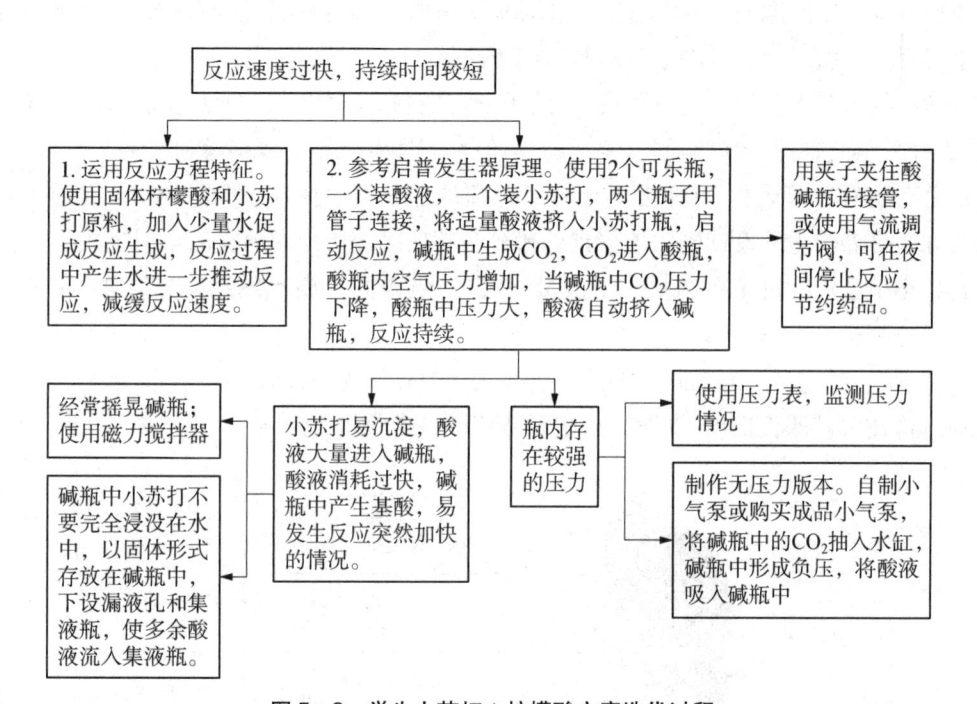

图 5-8　学生小苏打+柠檬酸方案迭代过程

图 5-9　学生作品迭代的部分照片

学生在创建二氧化碳供给系统的过程中用以致学，触发了各学科知识与原理，运用跨学科思维和技能达成了学习目标，同时也经历了一次与人合作的问题解决过程，在这个过程中逐渐生成生态意识与合作能力。

七、反思与总结

  小组合作探究为主的综合实践活动学习方式是大部分学生所陌生的,在学习中缺乏主动性、方法和能力。刚进入高中的学生习惯于传统的教师教、学生学的学习方式,学习中表现为依赖教师提出问题及解决措施,自主探究意识弱、缺乏自信。同时,也多想要自己独立完成学习,但缺乏合作意识,缺乏问题解决的方法等。

  教学中教师对以上问题已有预设,如给予学习资料、文件支持,方法指导,给学生充足的时间,做好分组及管理,创设组间交流活动等,但部分学生依然比较拘谨和被动。

  在之后的教学活动中,教师需更充分了解和估计学生学情,在课程开始时,更多地通过演示等方式带着学生从设计到实施再到迭代分步骤依次经历问题解决的学习过程。

  初始小组合作时可多次调整小组成员组成,让班级同学相互熟悉。分组方式以学生自愿和教师分配相结合,教师有意让不同学习水平的学生形成一组,实现组内带动与组间竞争。

  尊重学生间的差异,为不同水平的学生提供学习建议与目标。

  通过构建"慢"课程推动"真"学习,实现"跨"学科素养培育。

"慢"课程	・严底线、低结构、高思维、宽时间
"真"学习	・真问题、真做事、真失败、真学习
"跨"素养	・物质能量平衡 ・人与自然和谐共生

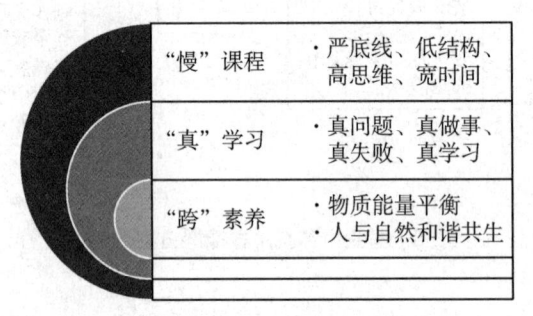

图 5-10 创新特色说明图

  构建一种"慢"课程,打造具有严底线、低结构、高思维、宽时间特质的学习体验。学生在观察自己构建的水生环境时发现真实的问题,以问题解决为缘起,继而想探究、想挑战,激起学习的兴趣。学生通过探究性实验解决问题,真事真做,经历有效失败,用以致学,触发多学科,融合多学科,模糊学科边界,在实践中生成跨学科素养。

  中国式现代化是人与自然和谐共生的现代化,在新的情境叙事下,我们面临着"转变发展方式""'双碳'目标""人工智能"等现代命题,这要求我们转变教学方式。高中学生应该经历"慢"下来的课程,经历有效的观察、学习、思考、实践、失败和表达等学习过程,为创新意识与能力提升提供可能,并提升生态意识与能力。

(执笔人:上海市杨浦高级中学　姜俊杰)

案例七:巴西龟,是"友"亦是"敌"?

"巴西龟,是'友'亦是'敌'?"为面向我校八年级学生开展的跨学科主题学习活动,共3课时,分别为"为巴西龟设计一个小家""巴西龟小家的深度探索"和"巴西龟与生态入侵",涉及生物、地理、道德与法治等学科。

一、学习目标

1. 观察巴西龟的形态特征,进而描述爬行类动物的形态特征和生活方式。分析巴西龟适应环境的特征,形成生物形态特征与功能相统一的生命观念。

2. 通过阅读地图及相关资料,归纳巴西龟原生地的地理环境特点,对比分析巴西龟在入侵地形成生长优势的原因。掌握提取地理和生物信息、综合分析问题的能力。

3. 利用材料和工具,设计、制作并改进满足巴西龟生长需要的饲养箱,发展设计思维、工程思维和创造思维。

4. 通过分析巴西龟生物入侵的案例,说明外来入侵物种对于本地生态安全的影响,认同保护生物资源的重要性。

5. 分析弃养宠物的危害,讨论如果不能继续饲养宠物该如何处理,确立加强生态文明建设、构建美丽中国的观念,认识并阐述自身在生态文明建设中应该承担的责任,增强社会责任感,提高辨别是非的能力。

二、目标厘定依据

(一) 学科素养

本主题涉及生物、地理、道德与法治等学科,学习目标聚焦此三门学科的核心素养。生物:学习巴西龟适应环境的特征,形成结构与功能相适应的生命观念;通过巴西龟饲养箱的设计与搭建,提高科学探究能力和综合实践能力;通过巴西龟生物入侵案例,认识并承担自身在生态文明建设中应该承担的责任。地理:通过对比巴西龟原生地和入侵地的地图和相关资料,分析巴西龟在入侵地形成生长优势的原因,发展区域综合分析的能力,形成从区域的视角认识地理环境的意识与习惯。道德与法治:通过了解环境保护的法律规定,树立法治观念。

(二) 跨学科素养

本跨学科主题学习的过程可以锻炼学生的信息提取和处理能力、工程思维能力、方案设计和实验探究能力、团队协作能力和自主调用不同学科知识、技能等解决实际问题的能力,实现对知识从部分到整体的把握和理解，建立更多与真实世界的有机联系。

（三）学情分析

学生在进行本主题学习前，对巴西龟具有一定的感性认知，或多或少了解、接触或者饲养过巴西龟，但是有成功的长期饲养经验的学生较少。这体现了学生对于巴西龟形态结构特征、巴西龟所适应环境的特征、动物饲养相关知识和方法的欠缺。此外，学生对巴西龟作为外来物种在我国造成生物入侵等知识更是知之甚少。

八年级学生已完成初中阶段地理学科的学习，具备一定的地理学科素养，但对于知识在情境中的应用上还缺乏实践。对于道德与法治学科的相关知识，如了解野生动物相关法律、学会承担相应责任等，也是需要通过主题学习掌握的新知。因此，在本主题的学习中，学生既需要学习新知，也需要调用多学科的知识、能力和方法，及时将学习中获得的知识与感悟进行内化。

三、学习内容

（一）核心问题与子问题链

主题学习设计围绕学生熟悉的家养宠物、可怕的生态杀手巴西龟展开，设计了一系列学生感兴趣的、可能会遇到的问题展开讨论和探究，帮助学生在科学地认识、对待巴西龟的同时，意识到巴西龟背后潜藏的风险。根据上述情况，本主题学习最终设定的核心问题是：如何科学地饲养巴西龟？为解决这一核心问题，设计子问题如下：

- 巴西龟有什么特点？
- 巴西龟适合在怎样的环境中生活？
- 如何为巴西龟搭建一个小家？
- 弃养巴西龟有什么生态风险？
- 如果不能继续养巴西龟了，应该怎么办？

本主题学习分为3个课时，学生在完成每个课时的学习活动的同时，解决一至二个子问题。在完成3个课时的学习后，学生将对"如何科学地饲养巴西龟"产生完整全面的思考与回答。

（二）大概念

本节课涉及的核心问题和子问题主要体现的生物学大概念为"生物可以分为不同的类群，保护生物的多样性具有重要意义"，此概念主要体现在对巴西龟生物分类、形态特征、生活环境、食性等的学习上；巴西龟生态入侵相关知识点将体现"生物与环境相互依赖、相互影响，形成多种多样的生态系统"这一大概念的渗透。

（三）知识结构

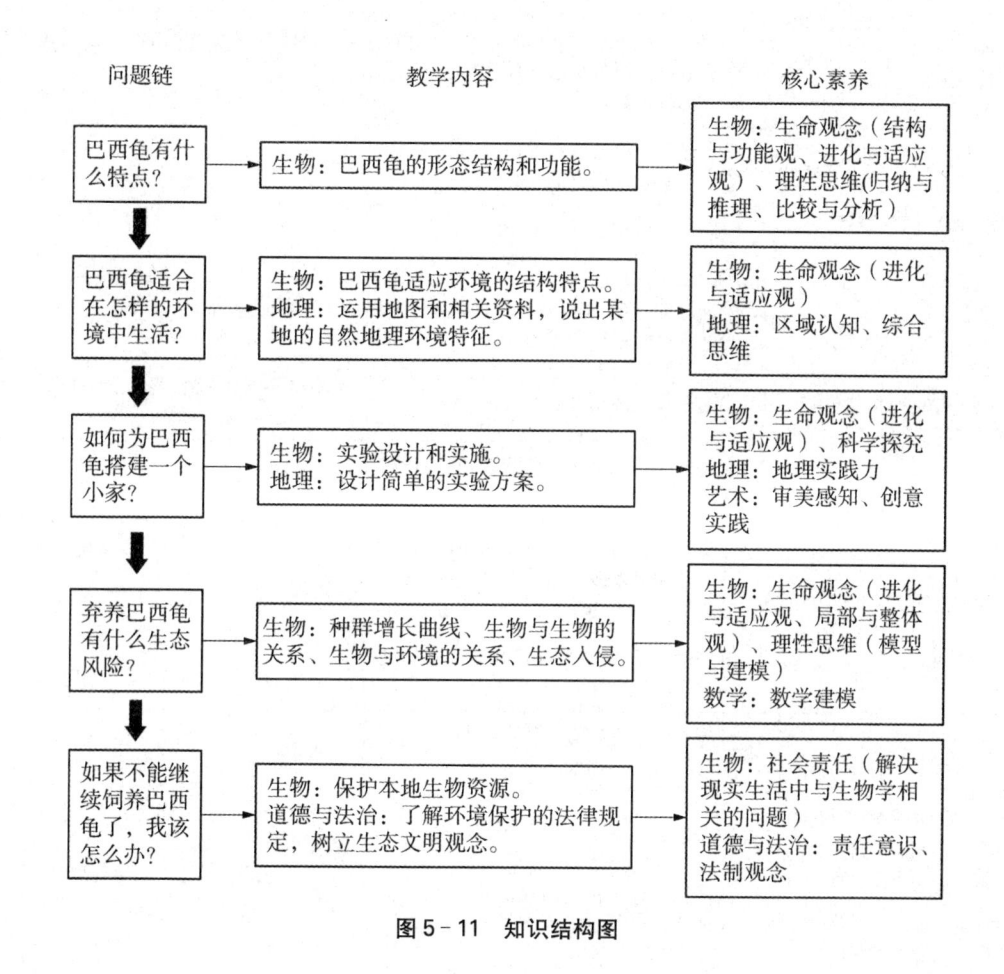

问题链	教学内容	核心素养
巴西龟有什么特点？	生物：巴西龟的形态结构和功能。	生物：生命观念（结构与功能观、进化与适应观）、理性思维（归纳与推理、比较与分析）
巴西龟适合在怎样的环境中生活？	生物：巴西龟适应环境的结构特点。 地理：运用地图和相关资料，说出某地的自然地理环境特征。	生物：生命观念（进化与适应观） 地理：区域认知、综合思维
如何为巴西龟搭建一个小家？	生物：实验设计和实施。 地理：设计简单的实验方案。	生物：生命观念（进化与适应观）、科学探究 地理：地理实践力 艺术：审美感知、创意实践
弃养巴西龟有什么生态风险？	生物：种群增长曲线、生物与生物的关系、生物与环境的关系、生态入侵。	生物：生命观念（进化与适应观、局部与整体观）、理性思维（模型与建模） 数学：数学建模
如果不能继续饲养巴西龟了，我该怎么办？	生物：保护本地生物资源。 道德与法治：了解环境保护的法律规定，树立生态文明观念。	生物：社会责任（解决现实生活中与生物学相关的问题） 道德与法治：责任意识、法制观念

图 5-11　知识结构图

四、学习过程

表 5-20　学习过程

教学任务	学习活动	学习支持
任务一： 学习巴西龟的形态结构、生殖方式和生活环境，归纳巴西龟适应其所生存的环境的特点。	1. 通过巴西龟的形态结构和生殖方式，认识巴西龟的硬甲、脚蹼、羊膜卵等结构，初步分析巴西龟适应其所生存的环境的特点。	图文材料：巴西龟外形图、呼吸系统结构图、巴西龟生殖系统文本、羊膜卵模式图、不同科龟类的特征 视频材料：海龟沙滩产卵视频

续 表

教学任务	学习活动	学习支持
	2. 归纳巴西龟原生地和分布地生活环境,推理适合巴西龟生活的环境特点:如温度、水深、含盐量等。	图文材料:巴西龟的故乡、巴西龟的分布图 实验生物:巴西龟
任务二: 设计巴西龟的饲养箱。	1. 整合任务一提取的相关信息,列举巴西龟饲养箱需要满足的条件。	学习单
	2. 绘制巴西龟饲养箱设计图并进行方案交流。	学习单
任务三: 选择合适的材料,搭建巴西龟饲养箱。	1. 根据设计方案,选择搭建巴西龟饲养箱的材料并介绍搭建思路。	实验材料:饲养箱、鹅卵石、硅藻土、贝壳、水、苔藓、水草等
	2. 小组合作完成搭建。	实验材料:饲养箱、鹅卵石、硅藻土、贝壳、水、苔藓、水草等
	3. 汇总搭建过程中遇到的问题,对饲养箱进行改进。	无
任务四: 设计探究实验,探究影响巴西龟生长的因素(如光照、食性等)。	1. 分析通过已有材料无法得出所有适合巴西龟生长的因素,推测并列举真实的饲养中需要考虑的其他因素。	无
	2. 借助学习单,完成影响巴西龟生长的某一因素的探究实验设计。	学习单
任务五: 分析巴西龟生物入侵的案例,了解外来物种对于本地生态系统的影响。	1. 推测巴西龟在适宜环境下的数量变化,学习种群增长曲线。	学习单
	2. 归纳巴西龟在上海大量繁殖的原因。	图文材料:上海的环境特征、上海的气温降水分布规律图
	3. 分析巴西龟大量繁殖对上海本土龟类、其他生物以及本地生态系统的影响。	视频材料:巴西龟生物入侵
任务六: 根据巴西龟生物入侵案例,认识并阐述自身在生态文明建设中应该承担的责任。	1. 结合环境保护法、野生动物保护法条例,讨论并分享在巴西龟生物入侵问题中自身可承担的责任。	文字材料:环境保护法、野生动物保护法条例
	2. 讨论如果不能继续饲养巴西龟的处理方法。	无

五、学习评价

  本主题学习的评价将过程性评价和终结性评价有效结合,注重表现性评价,通过评价量规等形式,评价学生在面对思考性任务和操作性任务中的表现,帮助学生找准目前在"科学地饲养巴西龟"这一问题上存在的短板,并找到未来改进的方向。

（一）思考性任务评价

思考性任务将根据学生对于概念的理解、分析、应用的情况进行评价，达到"优秀"选三颗星，达到"良好"选二颗星，"待改进"选一颗星。基于量规的评价由个人、小组、教师完成，后结合小组交流、反思体会和教师评价等其他形式的评价，让学生较为全面地认识自我，更为客观地认识到在学习过程中存在的问题及不足。评价量规如表5-21所示。

表5-21 "巴西龟，是'友'亦是'敌'"学习任务评价量规

班级_____ 第_____小组 姓名_____

学习任务	学习效果评价			评价方式		
	优秀	良好	待改进	自我评价	小组评价	教师评价
任务一：学习巴西龟的形态特征、生殖方式和生活环境，归纳巴西龟适应其所生存的环境的特点。	能够用简练的语言正确概括3个及以上巴西龟适应生活环境的特征。	能用口语化的语言大致描述3个及以上巴西龟适应生活环境的特征；或用简练的语言概括2个及以上巴西龟适应生活环境的特征。	无法说出巴西龟适应生活环境的特征，或将爬行类动物具备的特征与其适应环境对应错误。	☆☆☆	☆☆☆	☆☆☆
任务二：设计巴西龟的饲养箱。	有明确的设计方案或图纸，并阐述设计思路。	有简单的设计方案，并大致说明设计思路。	无明确的设计方案。	☆☆☆	☆☆☆	☆☆☆
任务三：选择合适的材料，搭建巴西龟饲养箱。	设计并搭建巴西龟饲养箱，能正确说明搭建思路，并在交流后进行改进。	设计并搭建巴西龟饲养箱。	无法搭建巴西龟饲养箱，或搭建的饲养箱不适合巴西龟生存。	☆☆☆	☆☆☆	☆☆☆
任务四：设计探究实验，探究影响巴西龟生长的其他因素（如光照、食性等）。	设计完整的探究方案，且方案遵循所有生物实验主要原则（单一变量原则、平行重复原则等）。	设计基本完整的探究方案，且方案遵循1—2项生物实验主要原则（单一变量原则、平行重复原则等）。	无法设计探究方案，或方案不符合生物实验主要原则。	☆☆☆	☆☆☆	☆☆☆
任务五：通过分析巴西龟生物入侵的案例，了解外来物种对于本地生态系统的影响。	完整说出两种种群增长曲线的形成条件，列举2个及以上巴西龟在上海形成生态入侵的原因，并能够列举2个及以上对环境的具体影响。	说出两种种群增长曲线的形成条件，列举1个巴西龟在上海形成生态入侵的原因，并能列举1个对环境的影响。	无法或错误说出种群增长曲线的形成条件，无法列举巴西龟在上海形成生态入侵的原因及对环境的影响。	☆☆☆	☆☆☆	☆☆☆

续　表

学习任务	学习效果评价			评价方式		
	优秀	良好	待改进	自我评价	小组评价	教师评价
任务六：根据巴西龟生物入侵案例，认识并阐述自身在生态文明建设中应该承担的责任。	能够阐述2个及以上对于生物入侵问题自身可承担的具体责任，并列举1条不能继续饲养巴西龟的处理方法。	能够阐述1个对于生物入侵问题自身可承担的具体责任。	无法阐述对于生物入侵问题自身可承担的具体责任。	☆☆☆	☆☆☆	☆☆☆
同伴交流						
反思体会						
教师点评						

（二）操作性任务评价

操作性任务将根据学生在"设计并制作的巴西龟饲养箱"中的表现进行评价。以"设计并制作巴西龟饲养箱"活动评价量规为依据，师生共同对学生作品进行评价。这有利于教师了解学生的学习过程和学习成果，也有利于学生对自身学习行为进行反思和调整。

表5-22　"设计并制作巴西龟饲养箱"活动评价量规

班级_____　第_____小组

评价内容		评价等级		
		优秀	良好	待改进
饲养箱设计		□有明确、可执行的设计方案或图纸，并按照设计完成作品。	□有简单的设计方案，并按照设计完成作品。	□无明确的设计方案，或设计方案与最终作品不匹配。
饲养箱制作	科学性	□正确体现3个及以上适合巴西龟生长的环境特点。	□正确体现1—2个适合巴西龟生长的环境特点。	□无法体现适合巴西龟生长的环境特点。
	完整性	□适合长周期饲养巴西龟（考虑巴西龟的繁殖、冬眠等）。 □可在多种环境放置或搬动。	□适合在一年内饲养巴西龟。 □可在特定环境放置或搬动。	□未考虑长时间饲养巴西龟。 □无法找到合适的放置位置。
	艺术性	□做工精致。 □造型美观，注重布景和色彩搭配。	□做工较为精致。 □造型较为美观，体现布景和色彩搭配。	□做工粗糙。 □造型不佳。
饲养箱改进		□在自我评价和小组交流后，对饲养箱进行改进。	□进行自我评价和小组交流，但未对饲养箱进行改进。	□未完成自我评价和小组交流。

六、实施成效

(一) 学生学习具有较高的积极性

本主题学习在课前进行了调查,了解学生对不同类群生物的饲养经验和饲养意愿,发现巴西龟出现频次较高;在决定将巴西龟作为研究对象后,教师从与学生的交流中,归纳得出学生视角下的关注点。因此,从选题方面来看,本主题学习源于学生,基于学生所关注的问题进行教学设计,学生课堂的参与度高,教学效果优良。

此外,本节课设计了多种实践活动,多元的学习方式取代了教师主导的课堂模式,学生在实践中学习,在做中学、玩中学、创中学,更能感受学习的趣味性,从而达到更高的学习热情。

(二) 知识和能力的共同发展

本主题学习涉及的新知识点主要集中在生物学科,通过教师的课堂设计和课外活动,学生基本完成了对各个新知识点的突破和掌握。同时,学生也在此次学习中,复习了地理学科和道德与法治学科的既有知识,完成了对原有知识的二次巩固。

跨学科主题学习关注学生的能力发展。例如在本次学习中,在完成"通过阅读地图及相关资料,归纳适合巴西龟生长的地理环境特点"这一任务时,学生发展了提取信息、分析问题、解决问题的能力。此外,在"利用材料,以小组为单位搭建巴西龟饲养箱"这一任务中,学生一方面综合利用多学科的知识和方法,设计并制作适合巴西龟的饲养箱,发展了跨学科综合实践能力;另一方面,学生也在小组合作中,通过交流合作,逐步形成团队意识,发展了团队合作的能力。

七、反思与总结

(一) 教后反思

1. 有机融合多学科知识

真实情境中的问题都是综合性的,它往往很难通过单一学科的知识解决。教师在课前需要做好充分的前期工作。本节课主要涉及的知识与技能为初中生物学,但地理、道德与法治等初中阶段的知识点对问题解决同样关键,此外,在巴西龟饲养箱布置中,艺术和工程学也融入其中。因此,为更好地应对学生在授课过程中产生的问题,教师不仅需要提前查阅并内化相关知识,还要将不同学科知识和素养借助思维导图等工具进行梳理和有机融合。

2. 走出课堂框架

探究性活动是跨学科主题学习的重要环节,与课堂学习是相辅相成的。本节课中涉及的探究性活动主要为"探究影响巴西龟生活的某一环境因素",其本质是科学实验,但是,可作为课堂学习延伸的探究性活动远不止于此,巴西龟入侵情况的实地考察、民众对巴西龟生态危害了解度的社会调研、相关科学馆的学习都可以为学生深入学习巴西龟的知识提供帮助。因此,教师在设计课外活动时需要拓展思维,发掘资源,精心设计活动方案。

(二) 创新之处

1. 促进学生主动学习

本案例在实施前进行了调查,了解学生对不同类群的生物的饲养经验和饲养意愿,最终发现巴西龟出现频次较高;除了课前调查,通过真实课堂中学生的反馈,教师也可总结出学生视角下的关注点。这与建构主义学习理论强调学生是学习的主体,学生基于自己的经验背景主动建构知识的观点不谋而合。学生通过主动学习更加深入地了解研究的问题,感受到知识的魅力和乐趣,这种学习方式有助于激发学生的学习兴趣和动力,使他们更加积极地投入到学习中去。

2. 注重学生能力的培养

在本案例的问题解决的过程中,学生需要根据问题的特定情境,对已有知识进行重新加工和创造性应用,以实现问题的有效解决。例如,学生在研究"巴西龟是否适合在深水中饲养"这一问题时,并非简单地学习巴西龟的形态结构和功能,而是更侧重分析和迁移。这一过程强调的并非知识本身,而是对知识应用的灵活性和适用性,要求学习者能够根据不同的情境调整和运用所学知识,展现出他们的创新思维和实践能力。这正是建构主义学习理论中实践性和情境性的体现。

3. 聚焦社会责任

应对环境保护问题,本主题学习从两个方面着手:一是通过法治教育,结合《中华人民共和国环境保护法》和《中华人民共和国野生动物保护法》,从法律的层面约束学生,从而推进生态文明的建设;二是通过责任意识的教育,引导学生初步建立人与自然和谐发展的观念,培养学生勇于承担、乐于承担自身在生态文明建设中应该承担的责任的意识。

(执笔人:上海杨浦双语学校　余超琦)

案例八:土豆的"跨界"

本主题学习设计源于学生对日常生活中常见食物的深入思考。土豆作为一种广泛种植和食用的作物,不仅是餐桌上的常见食材,更是全球粮食安全的重要组成部分。随着国家将土豆列为保障粮食安全的重要作物,土豆从传统蔬菜向主粮的"跨界"引发了广泛关注。这一转变不仅涉及农业、经济、营养等多个领域,也为初中阶段的学科学习提供了丰富的探究素材。本主题以七年级学生为对象,设计了4课时的跨学科学习活动,主要涉及地理、生命科学和道法学科。通过多学科融合,学生不仅能够深入理解土豆作为主粮的可行性,还能提升综合运用知识解决实际问题的能力。

一、学习目标

1. 通过对比土豆、小麦、水稻、玉米的营养成分表,分析土豆的蛋白质、碳水化合物、维生素、矿物质等营养成分,探讨土豆作为主食的营养优势,从均衡营养的角度,分析土豆作为日常主食的可行性,并结合中国居民的饮食习惯,提出合理的饮食建议。

2. 根据土豆的生长习性,结合中国各地的气候、地形、土壤等资料,判断土豆在中国适宜种植的区域;分析土豆种植对水资源的需求,探讨其在干旱、半干旱地区的种植潜力;在不挤占水稻、小麦、玉米等主粮种植空间的前提下,初步判定土豆适宜种植的区域,并提出合理的种植规划。

3. 分析土豆不耐储存、易发芽、易腐烂的特点,探讨其储存和加工的技术难点。结合地理学科的区域经济分析,为土豆加工厂选址,考虑原料供应、交通便利性、市场需求等因素,提出土豆加工产品的多样化方案,如土豆粉、土豆泥、土豆淀粉等,探讨其市场潜力。

4. 通过社会调查,了解人们对土豆作为主食的认知和接受程度,分析其推广中的主要问题。结合生命科学的营养分析和地理学科的种植适应性分析,提出土豆成为主粮的可行性方案。通过比较分析,确定最佳推广策略,如政策支持、市场宣传、加工技术创新等。

5. 通过收集土豆相关的营养、种植、加工、市场等信息,培养学生获取和整理资料的能力。通过小组讨论、数据分析等方式,评估信息的可靠性和实用性,提出合理的结论。在信息处理过程中,培养学生的批判性思维和逻辑推理能力。

6. 从营养、种植、加工、市场等多个角度,分析土豆如何成功"跨界"成为主粮。通过小组讨论、辩论等形式,探讨土豆作为主粮的优势和劣势,提出合理的解决方案。在分析过程中,培养学生的辩证思维和决策能力,使其能够综合考虑多种因素,做出科学合理的判断。

二、目标厘定依据

本主题教学目标的厘定依据主题所涉及学科的学科素养要求和跨学科素养要求,结合学情分析来确定,具体内容如下。

表 5-23 目标厘定依据

学科	年级	知识/观念/方法	学科素养要求	学情分析
地理	七年级	运用地图和相关资料,说出某区域地理位置和自然地理特征,说明自然条件对该区社会经济发展的影响,认识到因地制宜的重要性。	能够描述中国不同地区的主要地理特征,比较区域差异,从区域的视角说明人类活动与自然环境和资源的关系,初步形成因地制宜的发展观念。	学生基本学会了比较、归纳、分析的方法,从不同角度来认识中国不同区域地理环境特点。
生命科学	八年级	植物可以制造有机物,直接或间接地为其他生物提供食物;人体内的细胞能通过分解糖类获得生命活动所需的能量。	学生能够理解植物生命活动的基本过程和原理,从物质循环和能量变化的角度阐明植物在生态圈中的重要地位。	从日常生活出发,认识到人体通过取食的过程可以为自身提供必要的营养成分,也知晓不同植物有不同的生长环境。
道法	七年级	通过查阅资料、实地考察、市场调查,以小组为单位撰写社会考察报告,为土豆成为主食推广出谋划策,提出方案,交流后形成最佳方案。	运用互联网,查阅相关政策;实地考察,了解农业科技现状;调查市民对于土豆成为主食的认知情况,呈现民众对现状的真实认知状况。	学生基本具备网络资料搜索、整理、归纳的能力;也经历访谈、调查的实践,这为该活动的实施奠定了实践基础。
跨学科		通过网络查询、访谈、调查等方式进行信息的收集和资料的整理,自觉有效地获取、评估、鉴别和使用信息,主动调用多学科知识、方法等分析、解决问题。	通过相关活动提升团队协作、调查研究、语言表达等能力,提高运用多学科知识解决真实问题的能力。	日常教学中会渗透跨学科内容,学生已经有了跨学科的意识,当碰到复杂问题时,能尝试用多学科的知识方法解决问题。

三、学习内容

主粮是当地主要粮食的简称,是一个国家基于粮食安全、粮食储备重点考虑对待的粮食。我国水稻、玉米、小麦三大作物种植面积和产量居全国前列,是明确确立的国家主粮。但在我国粮食产量实现 12 年连增的前提下,相对人口而言,人均耕地面积小且有减少的趋势,而且我国水资源严重不足,其他粮食作物对水的需求量高,而土豆则具有较好的抗旱性,在干旱的情况下也能够保证一定的产量,故国家在《国家粮食安全中长期规划纲要(2008—2020)》中明确将土豆(马铃薯)作为保障粮食安全的重点作物。可见,我国已经认可了马铃薯在保障粮食安全方面的潜力。但在学生的认知中,土豆是蔬菜,它能否成功跨界成为"主粮"是值得探讨的问题。

本设计的核心问题是:土豆如何成功跨界(从蔬菜界跨到主粮界)?

在核心问题之下,设计了以下子问题:

子问题 1:土豆的营养能与其他主粮 PK 吗?

● 营养成分对比实验:组织学生检测土豆、大米、小麦粉的蛋白质、碳水化合物、维生素等含量。

- 营养均衡性分析：通过膳食宝塔模型，探讨土豆作为主食的营养搭配方案。
- 加工方式影响：比较蒸煮、烘烤、油炸等不同加工方式对营养保留的影响。

子问题2：土豆能在中国大面积种植吗？
- 中国土豆适宜种植区判断：根据土豆的生长习性资料，判断土豆可以在中国的哪些区域种植。
- 中国其他主粮种植区的判断：判断水稻、小麦在中国的主要种植区。
- 土豆适宜种植区的判断：通过GIS地图分析，寻找不与其他主粮争地的潜在种植区。

子问题3：土豆不耐储存，该怎么解决？
- 储存难题探究：通过对比实验观察不同温度和湿度条件下土豆的发芽情况。
- 加工技术调研：通过网络资源，了解土豆全粉、薯条、淀粉等加工工艺。
- 创新方案设计：学生分组设计"土豆保存技术"，如气调包装、真空冷冻干燥等。

子问题4：如何转变国人对土豆的固有印象？
- 饮食文化调查：设计问卷了解家庭土豆消费习惯。
- 推广方案策划：制作"土豆主粮化"宣传海报、短视频等。
- 食谱创新比赛：开发符合中国人口味的土豆主食食谱。

本设计在实施的过程中，始终围绕"因地制宜发展经济"的观念展开相关讨论，土豆种植地的选择、土豆加工厂的选址、土豆加工产品的确定和推广等都要与当地的自然、人文环境相适应，因地制宜，选择最佳方案，确立人与自然的和谐共生。

本设计的课时安排、内容及涉及的学科核心素养如图5-12所示。

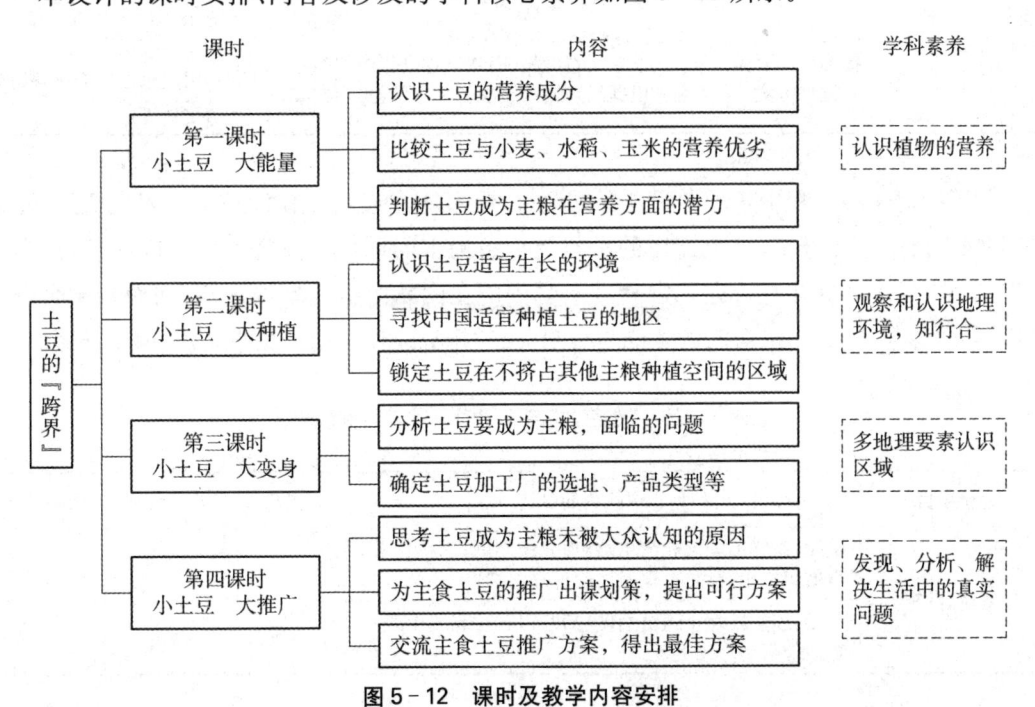

课时	内容	学科素养
第一课时 小土豆 大能量	认识土豆的营养成分；比较土豆与小麦、水稻、玉米的营养优劣；判断土豆成为主粮在营养方面的潜力	认识植物的营养
第二课时 小土豆 大种植	认识土豆适宜生长的环境；寻找中国适宜种植土豆的地区；锁定土豆在不挤占其他主粮种植空间的区域	观察和认识地理环境，知行合一
第三课时 小土豆 大变身	分析土豆要成为主粮，面临的问题；确定土豆加工厂的选址、产品类型等	多地理要素认识区域
第四课时 小土豆 大推广	思考土豆成为主粮未被大众认知的原因；为主食土豆的推广出谋划策，提出可行方案；交流主食土豆推广方案，得出最佳方案	发现、分析、解决生活中的真实问题

（土豆的"跨界"）

图5-12 课时及教学内容安排

四、学习过程与评价

表5-24 学习过程与评价

学习任务	学习活动	学习支持	学习评价
任务一：营养对比分析	1. 对比土豆、小麦、水稻、玉米的营养成分。 2. 讨论土豆作为主粮的营养优势。	1. 提供土豆、小麦、水稻、玉米的营养成分表。 2. 教师引导问题： —人体从主食中主要获得哪些营养？ —土豆与其他主食相比，营养优势何在？	1. 学生能够通过资料说出土豆成为主粮的优势至少3条，表达清晰明确。 2. 小组讨论成果展示，教师给予反馈。
任务二：种植区域选择	1. 分析土豆的生长习性。 2. 结合中国地形、气候资料，判断适宜种植区域。	1. 提供土豆生长习性资料、中国地形图、气温降水图。 2. 教师引导问题： —根据土豆的生长习性，判断其适宜种植的区域。 —在不挤占其他主粮种植空间的前提下，找出土豆适宜种植的区域。	1. 学生能够根据信息正确判断土豆生长的环境特点，并准确锁定适宜种植区域。 2. 小组探究成果展示，教师给予评价。
任务三：加工厂选址	1. 探讨土豆加工产品的种类及所需原材料。 2. 为土豆加工厂选择合适的位置。	1. 提供土豆加工产品所需原材料资料。 2. 教师引导问题： —土豆可以加工成哪些产品？ —工厂选址需要考虑哪些因素？ —为土豆加工厂选择合适的位置。	1. 学生能够综合考虑多因素，提出合理的加工厂选址方案。 2. 小组讨论成果展示，教师给予反馈。
任务四：主粮推广方案	1. 通过问卷调查，归纳土豆推广中的问题。 2. 提出解决对策，撰写推广方案。	1. 提供关于土豆作为主粮在推广中存在的问题的问卷调查。 2. 教师引导问题： —根据问卷资料，归纳土豆推广中的问题。 —根据问题提出解决对策，撰写推广方案。	1. 学生能够针对问题提出有效的解决对策，推广方案图文并茂，言之有物。 2. 小组展示推广方案，教师给予评价。

除了针对学习过程中各项学习任务的评价，更多地注重个人在活动中的表现之外，还针对团队的合作、任务分工、小组探讨的参与及小组提出的创新观点等方面予以评价，让学生意识到个人的表现好坏与否在一定程度上受到所在团队组员之间的影响，因而要学会融入集体，共同参与讨论，贡献自己的才能与智慧，同时能听取他人的意见与建议，取长补短。

表5-25 "土豆的'跨界'"学习过程评价量表

班级_____ 第_____小组 姓名_____

评价项目	评价内容	成员自评	小组评价	教师评价
团队合作	组织：有详细的问题清单，合理分配问题，承担任务；有效组织小组讨论，保存讨论过程和结果。			
	分工：能发挥每个组员的优势和特长，在完成个人任务后能得到小组的反馈。			

续 表

评价项目	评价内容	成员自评	小组评价	教师评价
创新	创新:能提出新的问题,根据研究进程尝试解决问题的新方法;能运用想象力和创造力做合理的猜想和解释。			
观点	观点:能从多学科讨论视角提出独特观点。			

五、实施成效

本主题学习项目源于一个看似平常却蕴含深刻教育价值的认知冲突——日常生活中被视为蔬菜的土豆被赋予"主粮"的新身份,这种角色转变在七年级学生中引发了强烈的好奇。通过精心设计跨学科探究活动,将学生对食物的朴素认知逐步引向对粮食安全、农业发展和营养科学的深度思考。本项目的独特价值在于:它既扎根于学生的生活经验,又超越了单一学科的局限;既回应了国家粮食安全的战略需求,又契合了初中生的认知发展特点。在为期一个月的项目实施过程中,我们见证了学生从最初惊讶质疑到主动探究的转变,从碎片化认知到系统思维的提升,从被动接受到创新实践的跨越。这些转变生动诠释了新课标所倡导的"做中学、用中学、创中学"的教育理念。

(一) 学习动机与兴趣激发成效

本项目以"土豆主粮化"这一认知冲突为切入点,成功激发了学生的探究热情。前期问卷调查显示,大部分学生最初对"土豆作为主粮"持怀疑态度,经过系列探究活动后,学生对此有了一定的新认知。在"土豆营养成分对比实验"中,学生自发组成研究小组,利用课余时间完成了多个土豆品种的营养检测,形成详实的数据库。特别值得注意的是,有学生主动延伸研究了马铃薯全粉的加工工艺,这种超出课程要求的探究行为,充分体现了项目对学生内驱力的有效激发。

(二) 跨学科能力发展成效

科学论证能力:在"土豆和水稻、小麦、玉米的营养辨析"中,学生能够同时引用《中国食物成分表》的营养数据和《农业经济学》中的成本分析,构建完整的论证体系,掌握了多源数据互证的方法。

空间分析能力:在分析中国土豆种植潜力时,学生创新性地叠加了"水资源分布图"和"贫困县分布图",发现土豆种植与精准扶贫的地理契合点,这种高阶思维在传统单科教学中很少出现。

问题解决能力:面对土豆储存难题,学生提出的解决方案,涵盖化学(抑芽剂配方)、物理

(真空包装)、生物(品种改良)等多个学科领域,展现出系统思维的特点。

(三) 核心素养培育成效

科学探究素养:通过持续30天的土豆储存对比实验,学生完整经历了"问题提出-方案设计-数据收集-结论形成"的全过程。实验报告分析显示,相较于课程初期,学生实验设计的严谨性和数据分析的规范性有一定的提升。

区域认知素养:在"中国土豆种植区判断"任务中,学生不仅考虑气候因素,还创新性地引入物流成本、劳动力价格等经济要素。最终形成的土豆适宜种植区有一定的科学性和实际借鉴作用。

社会参与素养:学生设计的"校园土豆周"活动最终落地实施,包含食堂推出8种土豆主食;举办土豆知识竞赛;发起"节约粮食"倡议等,体现了责任担当。

(四) 教育价值延伸

本项目的影响已超越学科学习本身,改变了学生对农产品的认知方式,培养了关注社会问题的公民意识,树立了"知农爱农"的价值观念,探索了乡村振兴的教育路径。

通过成效分析可以看出,"土豆的跨界"项目实现了知识传授、能力培养和价值塑造的有机统一。学生不仅掌握了跨学科知识,更重要的是培养了解决复杂现实问题的综合素养,这种学习体验将对其终身发展产生深远影响。项目形成的"真实情境—核心问题—学科融合—社会参与"的教学模式,为新课改下的教学创新提供了成功范例。

六、反思与总结

(一) 学生亲历问题发现的全过程

本主题来源于道法课上的课前新闻分享活动,有学生分享了中央一号文件提出"积极推进马铃薯主食开发",计划提高土豆产量、增强土豆制品加工能力等政策,被媒体称为"土豆主粮化"的新闻,引起了同学的关注和质疑。为此我们以"土豆"为话题,展开了问卷调查,以获得更多学生想了解的内容、存在疑问的地方,等等,从而归纳出了本主题的驱动型问题及相应的子问题,做到了从学生的角度去发现问题,让学生亲历问题发现的全过程。

(二) 探究问题源于生活,服务于生活

从问卷当中能感受到学生对土豆话题是很感兴趣的,土豆是蔬菜,它可以成为主粮吗?如果土豆成为主粮,与其他主粮相比它有什么优势和劣势?如何让土豆成为中国主粮之一,让中国饭碗装中国粮呢?这些问题都与学生的生活紧密相关。用多门学科的知识、技能去

剖析、解决问题,让学生认识到课堂所学是能有效解决真实生活问题的。

(三) 问题探究所用素材大部分取自于生活

本主题的学习是在一个个问题分析探究的过程中慢慢深入的,而问题都源自学生的日常生活,学生通过调查、访谈等方式了解现状和民意,在分析比较的过程中探究原因。正是由于素材是生活中常见的,反而触发了学生思考的原动力,激起了他们深入探究、刨根问底的热情,因为他们认识到这些问题搞清楚、弄明白了,对提升自己的生活品质有一定的帮助。

(四) 课程设计具有一定创新性

本项目成功构建了"问题链—知识网—能力圈"三维课程模型,以"土豆主粮化"为核心问题,衍生出4个子问题链,串联起地理、生命科学、道法三大学科领域的多个核心知识点。

(五) 学生学习方式发生变革

本项目的实施过程实现了从"教师讲授"到"问题驱动"的转变。学习任务通过小组探究完成,从被动接受转向主动建构,从个体学习转向协同探究,最重要的是从知识积累转向问题解决,高阶思维行为有明显显现,反映出深度学习的真实发生。

七、可供借鉴和推广的地方

(一) 选题设计范式——"三位一体"选题法

采用"国家政策热点—学生认知冲突—学科核心素养"的选题模型,从政策维度结合粮食安全战略出发,对学生"蔬菜变主粮"的认知冲突展开因地制宜观念和营养健康等方面的相关探究活动设计。

(二) 操作可行的实施路径

在本次跨学科主题学习的设计过程中,我们总结出一条可操作的实施路径,即从学生的

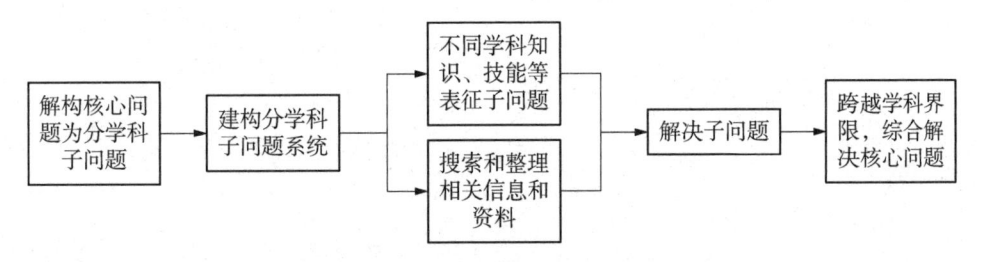

图 5-13 基于真实问题的跨学科学习实施流程

视角出发，捕捉学生的困惑点、难点，与学生的生活相链接，在驱动性问题的带动下，设置一个个的子问题，在问题解决的过程中师生间、生生间产生思维的碰撞，在分析、比较、探究的过程中体验运用多学科知识、技能、方法解决问题的快乐与舒畅，感受跨学科主题学习的魅力。

（三）认知冲突引爆教学法

引发"思维碰撞"的基本前提是引发认知冲突，需要教师善于挖掘和分析，从学生已有知识出发，在知识矛盾中引发认知冲突，激发深度学习。如本项目实施时首先通过前测定位认知盲区，学生认为"土豆只是蔬菜"；之后创设冲突情境，展示国家将土豆列为主粮的政策文件；最后引导科学探究，即营养对比实验。将该方法运用于课堂，学生的高阶思维行为要明显高于传统教学。

（执笔人：上海杨浦双语学校　龚丽云）